现代物流管理专业系列教材

物 流 营 销

主　编　王　丽

副主编　梁文兵　张　强　张丹阳

西北工业大学出版社
西安

【内容简介】 本书首先介绍了市场营销的基本概念、理论,然后按照物流市场营销的一般规律,分别介绍了物流市场调查与分析、物流目标市场营销、物流产品策略、物流定价策略、物流分销渠道策略、物流促销策略等内容。同时针对物流业作为服务行业的特点,结合市场营销理论的新发展,增加了物流客户服务管理等内容,进一步突出了服务在物流企业营销中的重要作用,强化了对从业人员服务意识和技能的培养。

本书可作为高等职业院校物流管理、市场营销及其他相关专业学生的教学用书或参考用书,也可作为物流从业人员的业务参考书。

图书在版编目(CIP)数据

物流营销/王丽主编. —西安:西北工业大学出版社,2021.11
ISBN 978-7-5612-8061-4

Ⅰ. ①物… Ⅱ. ①王… Ⅲ. ①物流市场-市场营销学 Ⅳ. ①F252.2

中国版本图书馆 CIP 数据核字(2021)第 257272 号

WULIU YINGXIAO

物 流 营 销

责任编辑:朱辰浩 刘 婧	策划编辑:杨 睿
责任校对:隋秀娟 马婷婷	装帧设计:李 飞

出版发行:西北工业大学出版社
通信地址:西安市友谊西路 127 号　　　　邮编:710072
电　　话:(029)88493844　88491757
网　　址:www.nwpup.com
印 刷 者:陕西金德佳印务有限公司
开　　本:787 mm×1 092 mm　　1/16
印　　张:10.5
字　　数:255 千字
版　　次:2021 年 11 月第 1 版　　2021 年 11 月第 1 次印刷
定　　价:56.00 元

如有印装问题请与出版社联系调换

前　言

物流业是国民经济的重要组成部分,涉及领域广,融合了运输业、仓储业、配送业、快递业、信息业等,在促进产业结构调整、拉动消费、增强国民经济竞争力等方面发挥着重要的作用。

在市场竞争日益激烈的现代社会,物流企业应以市场为导向,重视客户的需求,加强企业的服务意识。物流企业输出的产品是物流服务,这种无形产品的生产和使用过程也是销售的过程,但没有明显的售前、售中和售后的工作界限。其服务本身具有较强的灵活性,而且更强调个性化、人性化,物流市场的差异化程度也比较大。因此,现代物流企业应注重创新,尤其要抓住创新的源头——客户。客户已经成为市场上真正的强势群体,物流企业必须完全以客户为中心和原动力,准确把握客户需求的走势,让客户决定创新,才能持续不断地为客户创造新的价值,实现客户满意并最终实现社会满意的终极目标。

物流营销可以有效地为物流企业收集客户需求、市场信息和产品状况等方面的信息,使物流企业有的放矢,根据目标客户的特点为其量身定制,建立一套高效合理的物流方案,提高物流资源配置的能力,最大限度地满足客户的需要,实现企业的营销目的。

本书在内容选取方面打破传统按章节来设计的程式化方式,按照"工学结合"的思想,结合物流营销的工作过程进行学习项目的设计:感悟营销—分析物流市场—制定物流营销 STP 战略—执行 4P 策略。每个学习项目分成若干个任务来支持,以项目驱动为主线,整合、重构学习内容,实现学习目标。本书共有八个项目,包括物流营销导论、物流市场调查与分析、物流目标市场营销、物流产品策略、物流定价策略、物流分销渠道策略、物流促销策略以及物流客户服务管理。章节体例新颖,每个项目开篇列出"知识目标"与"技能目标",并设置"导入案例";结尾设置有"项目小结""思考与练习"和"实训设计"。不仅能够增强学习的趣味性,而且能够培养学生独立思考、理论联系实际的能力。

本书由王丽担任主编,梁文兵、张强和张丹阳担任副主编。其中,王丽编写项目一和项目五,梁文兵编写项目二和项目八,张强编写项目三和项目四,张丹阳编写项目六和项目七。

在编写本书的过程中,笔者曾借鉴了大量的文献资料,参阅了相关的网站,在此向这些文献资料的作者表示感谢。

由于水平和经验有限,加之物流行业发展较快,对它的认识和研究不够深入,书中难免有不妥和疏漏之处,敬请各位同仁、专家和广大读者批评指正。

编 者

2021 年 8 月

目　录

项目一	物流营销导论	1
任务一	物流概述	2
任务二	市场营销概述	7
任务三	物流市场营销	12
项目二	物流市场调查与分析	19
任务一	认识物流市场调查	20
任务二	物流市场调查的方法	23
任务三	物流市场环境分析	32
项目三	物流目标市场营销	38
任务一	物流市场细分	39
任务二	物流目标市场选择	44
任务三	物流市场定位	49
项目四	物流产品策略	57
任务一	物流产品组合策略	58
任务二	物流产品品牌策略	61
任务三	物流产品包装策略	64
任务四	物流产品生命周期策略	67
任务五	物流新产品开发策略	69

项目五	物流定价策略	77
	任务一　影响物流企业定价的因素	78
	任务二　物流产品定价目标与程序	81
	任务三　物流产品基本定价方法	84
	任务四　物流产品定价策略与技巧	88

项目六	物流分销渠道策略	95
	任务一　物流分销渠道概述	97
	任务二　物流分销渠道的选择	101
	任务三　物流分销渠道的管理	105

项目七	物流促销策略	114
	任务一　物流企业促销和促销组合	117
	任务二　人员推销	121
	任务三　广告	125
	任务四　营业推广	129
	任务五　公共关系	132

项目八	物流客户服务管理	138
	任务一　物流客户服务概述	139
	任务二　物流客户关系管理	140
	任务三　物流客户服务质量管理	150
	任务四　物流客户满意度管理	153

参考文献 ········· 161

项目一　物流营销导论

【知识目标】

1.理解物流、市场营销、物流营销的概念、特征。

2.了解市场营销观念的发展脉络和物流营销观念的发展脉络。

3.掌握物流营销的作用、原则。

【技能目标】

1.能够根据调研的基本方法调研当地某个物流企业的物流营销案例。

2.能够从物流营销核心术语、物流营销观念和理念、物流营销流程等角度分析、评价物流营销案例,撰写分析报告。

【导入案例】

当前,我国物流企业主要由国有、民营和外资企业组成。国内物流企业整体上经营、营销理念相对落后,服务意识不强,服务水平不高。由于经营内容有限,多数物流企业只能提供相对低层次、单项或分段的物流服务,增值服务不够多,难以提供一体化物流解决方案。我国全面开放物流行业后,越来越多的跨国物流企业进入中国物流市场,外资企业在中国的扩张,将逐渐影响我国物流产业安全和大量中、小物流企业的生存。

我国物流企业迫切需要找到生存的出路。提高自身硬实力和核心竞争力固然重要,但毕竟需要大笔投资和长期积累。物流营销是物流企业成长、腾飞的翅膀,学会物流营销有助于物流企业迅速适应市场需求,推出适应客户需要的物流服务,提高用户满意度、市场占有率和经济效益。

请思考以下问题:

1.中国为什么需要物流营销?

2.如何理解物流营销?你认为物流营销的作用主要是什么?

任务一 物流概述

一、物流的基本概念

(一)物流概念的产生与发展

对于物流,目前国内外还没有一个统一的概念,各种提法也不尽一致。对物流活动和物流管理的认识最早源于美国,1915 年美国学者阿奇·萧在《市场流通中的若干问题》(Some Problem in Market Distribution)中,首次提出了"物流"的概念,早期翻译成 PD(Physical Distribution),即实物分配,这是早期的物流含义。第一次世界大战期间,英国的利费哈姆勋爵成立了"即时送货股份有限公司",公司的宗旨是在英国全国范围内把商品及时送到批发商、零售商以及用户的手中,这一举动被学者们誉为有关"物流活动的早期文献记载"。

在第二次世界大战期间,美国根据军事上的需要,采用了后勤管理(Logistics Management)这一概念,对军事物资、装备的制造、供应、调运、储存、装卸、情报信息传递等军事后勤活动进行全面管理,同时研究采用了一系列的技术、方法,使这些后勤活动既能够及时保障供给,满足战争需要,又使得时间最短、费用最省,同时还要安全巧妙地回避敌人。实践证明,这一理论的应用取得了很好的效果。第二次世界大战后,后勤理论被应用到企业界,其内涵也得到了进一步的扩充,涵盖了整个生产过程和流通过程,因而是一个包含范围广泛的概念。

日本是在 1964 年开始使用"物流"这一术语的,在使用该术语之前,日本把与商品实体有关的各项业务统称为"流通技术"。1956 年,日本早稻田大学宇野正雄教授等专家学者一行 12 人组成"流通技术专业考察团",赴美国考察,历时一个多月,弄清了以往叫作"流通技术"的内容,相当于美国名为 Physical Distribution(实物分配)的内容,从此便把流通技术按照美国的称谓,简称为"P. D."。1964 年,日本池田内阁中"五年计划"制定小组的平原直谈到"P. D."这一术语时说:"与其叫作'P. D.',不如叫作'物的流通'更好。"1965 年,日本在政府文件中正式采用"物的流通"这一术语,简称为"物流"。

我国开始使用"物流"一词源于 1979 年。1979 年 6 月,我国物资工作者代表团赴日本参加第三届国际物流会议,回国后,在考察报告中第一次使用了"物流"这一术语。1989 年 4 月,第八届国际物流会议在北京召开,"物流"一词随之普及开来。

(二)什么是物流

物流是由"物"和"流"两个基本要素组成的,并各有其特定的含义。物流中的"物"一般指具有经济意义的、可以发生物理性位置移动的物质资料,包括生产过程中的物资,如原材料、零部件、半成品和成品,还包括流通过程中的商品,以及消费过程中的废弃物品等。物流中的"流"指的是物理性运动,既包括空间位移,又包括时间延续,是一种经济活动。关于物流的定义,由于不同国家、不同行业和部门对物流的研究和运作各有侧重,所以在国际范围内还没有一个统一的概念。最具有代表性的概念有以下几种。

1. 美国物流管理协会的定义

物流是对货物、服务及相关信息从起源地到消费地的有效率、有效益的流通和储存进行计划、执行和控制,以满足顾客要求的过程。这个过程包括输入、输出、内部和外部的移动以及以环境保护为目的的物料回收。

2. 日本早稻田大学阿保荣司教授的定义

物流是指有关供给主体和需求主体相结合,克服空间和时间的"隔离",以及创造部分有形物质的经济活动,其中也包括一切有形或无形财物的废弃和还原。具体地说,物流是指运输、保管、包装、装卸、流通加工等物资流通活动以及有关物流的信息活动。

3. 7R定义法

7R定义法即恰当的产品(Right Product)、恰当的数量(Right Quantity)、恰当的条件(Right Condition)、恰当的地点(Right Place)、恰当的时间(Right Time)、恰当的顾客(Right Customer)和恰当的成本(Right Cost)。物流系统的内在特征在目的上表现为实现物流的效率化和效果化、较低成本和较优服务,在原则上表现为实现7R。

4. 中华人民共和国国家标准中物流术语的定义

我国在2001年颁布的《物流术语》国家标准中,统一将"物流"定义为:物品从供应地向接收地的实体流动过程。根据实际需要,将运输、储存、装卸、搬运、包装、流通加工、配送、信息处理等基本功能实施有机结合。

虽然各个国家、组织对物流的定义各不相同,但其核心内容并无差异:物流主要是通过创造场所价值、时间价值以及加工附加价值,为客户提供增值服务的。

(1)空间价值。物品的供应者与需求者之间往往处于不同的地理位置,为改变这一地理位置的差别所创造的价值即为"空间价值"。这一价值主要是通过运输、配送等方式来实现的。

(2)时间价值。物品从供应者向需求者的流动过程是存在时间差的,为改变这一时间差所创造的价值即为"时间价值"。这一价值主要是通过储存来实现的。

(3)加工附加价值。物流的加工附加价值是通过流通加工来实现的。流通加工是物品在流通过程中的加工活动,如分拣、切割、冷冻和再包装等,是一种带有补充、完善及便于流通等性质的加工活动。

二、物流活动的基本构成要素

物流活动除了实现物质、商品空间移动的输送以及时间移动的保管这两个中心要素外,还有为使物流顺利进行而开展的流通加工、包装、装卸搬运、信息等要素。这些要素有效地组合在一起,相互制约,形成密切相关的一个系统,能合理、有效地实现物流系统的总目标。

(一)运输

运输是指使物品发生场所、空间位置移动的物流活动。它的任务是将物品进行较长距离的空间移动。运输不改变物品的实物形态,也不增加其数量,但它解决了物品在生产地点和需求地点之间的空间距离,创造出了商品的空间效用,满足了社会需要。因此,运输是物流的中心环节之一,在某些场合中,甚至把运输作为整个物流的代名词。

(二)储存

储存是物流的主要活动之一。在物流中,运输承担了改变商品空间状态的重任,而储存承担了改变商品时间状态的重任。在生产过程中,原材料、燃料、工具、设备等生产资料和半成品,在直接进入生产过程之前或在两个工序之间,也有一段停留时间,这就形成了生产储备。同样在商品流通过程中,产品从生产领域生产出来以后,进入消费领域之前,需要在流通领域停留一段时间,这就形成了商品储存。储存通过对商品的保管、保养,克服产品在生产与消费时间上的差异,创造商品的时间效用,能保证生产和流通的顺利进行。

(三)装卸搬运

装卸搬运是指在同一地域范围内,以改变物品的存放状态和空间位置为主要内容的作业活动。它是对运输、储存、包装、流通加工等物流活动进行衔接的中间环节,包括装车、卸车、分拣、堆放拆垛、入库、出库以及连接以上各项活动的短程移送、搬运作业。在物流活动的全过程中,装卸搬运活动发生最频繁,因而是产品损坏的主要原因之一。如果能正确规划搬运系统,可以减少成本、减少劳动力、增加安全性、提高生产率、减少浪费。

常见的有三种基本的搬运系统:人工搬运系统、机械搬运系统和自动搬运系统。现在配送中心的实际结构决定了使用何种搬运系统。

(四)包装

包装是生产过程的终点,也是物流过程的起点。它是指为在流通过程中保护产品、方便储运、促进销售,按一定技术方法而采用的容器、材料及辅助物等的总称。按照包装的目的不同,包装可以分为为保持商品的品质而进行的工业包装和为使商品能顺利抵达消费者手中、提高商品价值、传递信息等以销售为目的的商业包装。常用的包装材料有纸、塑料、木材、金属和玻璃等。

(五)流通加工

流通加工是指商品在流通过程中,根据需要,改变或部分改变商品的形态或包装形式的一种辅助性加工活动。流通加工的内容主要包括装袋、分割、计量、分拣、混装、刷标记和贴标签等。这种加工活动不仅存在于社会流通过程,也存在于企业内部的流通过程。

(六)配送

配送是指按照用户的订货要求,在物流中心进行分拣、配货工作,并将配好的货物送交收货人的物流活动。配送几乎包括了所有的物流活动,在配送过程中,需要进行储存、运输、装卸搬运和包装等,因此配送被称为"小物流",是物流的一个缩影或在某个小范围内物流全部活动的体现。

(七)物流信息

物流信息是与物流活动相关的信息,是指能反映物流各种活动内容的知识、资料、信息、情报、数据、图像和文件等的总称。通过对物流信息的收集、加工、处理,可以保证物流活动高效、顺利地进行。信息流伴随物流全过程,贯穿其始终,物流信息是物流系统的一个重要组成部分,物流信息管理已成为物流现代化的重要标志。

三、物流系统

(一)系统与物流系统

1. 系统

系统就是由相互联系的若干要素结合而成的具有特定功能的有机整体。自然界和人类社会中的很多事物都可以看成是一个个系统。如人体的循环系统、神经系统、消化系统;国家立法系统、司法系统、行政系统等。系统具有以下基本特征。

(1)集合性。系统是由两个或两个以上有一定区别又一定联系的要素组成的有机整体。

(2)相关性。系统内部诸要素之间是相互联系、相互作用、相互影响的关系。在系统中,某一个要素在发生变化的同时,会影响其他要素发生相应的变化。

(3)目的性。每一个系统的活动都是为了达到一定的目的,实现一定的目标。也就是说,系统具有能使各个要素集合在一起的共同目标。

(4)整体性。组成系统的各个要素不是简单地集合在一起,而是有机地组成一个整体。每个要素都要服从整体,追求整体的最优,而不是每个要素的最优。

2. 物流系统的概念

物流系统是社会经济系统的一个组成部分。物流具有包装、运输、储存、装卸搬运、配送、流通加工、信息处理等环节,也称为物流的各个子系统。由这些子系统构成了物流大系统。可见物流系统是由物流各要素组成的,要素之间存在有机联系,并具有使物流总体合理化功能的综合体。

3. 物流系统的特点

物流系统是一个复杂、庞大的系统。在这个大系统中又有众多的子系统,系统间具有广泛的横向和纵向的联系。物流系统在具有一般系统共同特点的同时,还具有其自身的特殊性。

(1)物流系统是一个"人-机系统"。物流系统是由人和物(主要是一些设备、工具)所组成的。它表现为物流劳动者运用运输设备、装卸搬运机械、仓库、港口、车站等设施作用于物质实体,使其发生时空转移的一系列活动。在这一系列的物流活动中,人是系统中的主体。因此,在研究物流系统的各方面时,必须把人和物这两方面的因素有机地结合起来,作为不可分割的整体加以考察和分析,而且应该始终把如何发挥人的主观能动作用放在首位。

(2)物流系统是一个大跨度系统。这反映在两方面:一是地域跨度大,由于现代经济活动早已突破地域限制,形成了一种国际化的大潮,使得每个具体企业的物流活动不可避免地与更广泛的地域有着千丝万缕的联系;二是时间跨度大,通过储存的方式来解决产需之间的时间矛盾,这样使得物流活动的时间跨度往往也是很大的。大跨度系统带来的主要问题是管理难度比较大,对信息的依赖程度高。

(3)可分性。作为系统,无论其规模多么庞大,都是由若干个相互联系的子系统组成的。这些子系统数量的多少、层次的划分,是随着人们对物流的认识和研究的深入而不断扩充的。比如,物流系统可以大致划分为物流作业系统和物流信息系统,而物流作业系统又可划分为包装子系统、运输子系统和储存子系统等。当然,物流子系统的组成不是一成不变的,它是由物流管理目标和管理分工而自成体系的,每一个子系统都有其特定的目标。

(4)动态性。物流系统总是联结多个生产企业和多个用户,随供应、需求、价格、渠道的变化,系统内的要素及系统的运行经常发生变化。为适应经常变化的社会环境,使物流系统良好地运行,人们必须对物流系统的各个组成部分经常完善,这就决定了物流系统必须是一个动态可变的系统。

(5)复杂性。物流系统的"物"几乎遍及全部社会物质资源,这些物质的大量化和多样化带来了物流的复杂化。从物品种类来看,成千上万,数量庞大;从从事物流活动的人员来看,需要数以百万计的庞大队伍;从资金占用来看,需要占用大量的流动资金;从商品供应经营网点来看,遍及世界每个角落。这些人力、物力、财力、资源的组织和合理利用,是一个非常复杂的问题。

4.物流系统的组成

物流系统由物流作业系统和支持物流作业系统正常运行的物流信息系统组成。

(1)物流作业系统。物流作业系统是指在商品的包装、运输、储存、装卸搬运、流通加工、配送等的作业中,使用各种先进的技术和手段,将商品的生产据点、物流据点、运输配送路线和运输手段等组成一个合理有效的网络系统,并以此来提高物流活动的效率。物流作业系统包括包装子系统、运输子系统、储存子系统、装卸搬运子系统、流通加工子系统和配送子系统。

(2)物流信息系统。物流信息系统是指在保证商品的订货、进货、库存保管、出货和配送等信息畅通的基础上,使通信据点、通信线路、通信手段网络化,从而提高物流作业系统的效率。

一个物流系统的设计越有效,它对信息的准确性越敏感。信息流反映了一个物流系统的动态,不准确的信息和作业过程中的延迟都会降低物流系统的效率。因此,物流信息的质量和及时性是物流作业的关键因素,是整个物流系统效率提高的保证。

(二)物流系统的目标

物流系统的目标可以归纳为以最快的速度、最低的费用,安全、可靠地为客户提供物流服务,具体有以下几方面。

1.服务目标

物流系统在整个流通系统中起着桥梁、纽带的作用,它具体地联结着生产与再生产、生产与消费,因此要求有很强的服务性,也就是要以用户为中心,树立"用户第一"的观念。在为用户服务方面,要求做到无缺货、无货物损伤和丢失等现象,且费用低廉。"准时供货方式""快递方式"等,就是其服务性的很好表现。

2. 快速、及时目标

快速、及时目标是物流系统的主要功能之一。即根据货主的要求，及时运输和配送，按照用户指定的时间和地点，把商品迅速运送到收货地或送交用户以完成物流服务。这也是衡量物流企业服务质量的一个重要标准。为此，可以把物流设施建在供给地区附近，或者利用有效的运输工具和合理的配送计划来实现。在物流领域采取的如直线直达运输、联合运输等就是这一目标的具体体现。

3. 节约目标

由于物流过程消耗大，所以依靠节约、省力、降耗的措施来减少投入，降低物流的成本支出就显得尤为重要。这可以相对提高产出，增加物流系统的效率和效益。

4. 规模优化目标

对物流系统进行投资建设时，首先要确定其规模的大小。对其所处的地理位置、周围环境、服务对象，特别是物流量的多少，包括货物的名称、数量和流向等，都要进行详细的调查研究、综合分析，以确定物流系统化的规模。否则，物流系统规模设计得大了，而物流量小，必然要使一部分物流设施、技术装备闲置起来，不仅白白浪费了投资，而且影响物流的经济效益；反之，物流系统规模设计得小了，而物流量大，与其业务活动不相适应，满足不了顾客的需要，同样也是不可取的。因此，以物流规模作为物流系统的目标，以此来追求"规模效益"是非常重要的。

任务二　市场营销概述

一、市场及其有关概念

（一）市场概念及构成要素

1. 市场概念

市场是商品经济发展的产物，市场的概念也是随着商品经济的发展而发展的。最初的市场主要是商品交换的场所。在商品经济条件下，交换产生和存在的前提是社会分工和商品生产。由于社会分工，不同的生产者分别从事不同产品的生产，并为满足自身及他人的需要而交换各自的产品，从而使一般的劳动产品转化为商品，使产品生产也转化为商品生产。正是在这一条件下，用来交换商品以满足不同生产者需要的市场应运而生。随着社会分工和市场经济的发展，市场的概念也在不断发展和深化，并在深化过程中体现出不同层次的多重含义。

（1）传统的市场概念。市场是商品交换的场所，这是进行商品交换的必要条件，没有一定的场所，交换就无法进行，这是对市场本义的解释，也是最传统的、狭义的概念。它强调买主和卖主发生交换关系的地点和区域。很显然，任何企业都要考虑其产品销向哪些地区，在哪些场所出售。

(2)经济学的市场概念。市场是商品交换关系的总和,这是经济学上对市场广义的解释,即市场是由那些从事商品生产和交换的生产者、经营者、消费者之间交换行为和活动中体现的经济关系的总和,强调的是商品供求关系、竞争关系、利益关系等。通常说的"市场机制""市场调节"中的"市场"就是经济学意义上的市场。

(3)营销学的市场概念。市场是指某项产品或劳务的所有现实或潜在购买者的集合,这是从企业或卖方角度对市场的解释。所谓的购买者可分为两类:①现实的购买者,即有支付能力又有购买兴趣的购买者;②潜在的购买者,即可能具有购买力和欲望的购买者。明确自己产品的市场规模、消费者及用户构成,是企业营销战略决策、制定策略、组织营销活动的基本出发点。所谓面向市场,实际上就是面向消费需求,面向自己的顾客。

2. 市场的构成要素

从企业或卖方角度来看,市场由三个要素构成:有某种需要的人、购买力和购买欲望。市场的构成要素可以用一个等式来描述:

$$市场 = 人口 + 购买力 + 购买欲望$$

(1)人口。这是构成市场的最基本要素,消费者人口的多少,决定着市场的规模和容量的大小,而人口的构成及其变化则影响着市场需求的构成和变化。因此,人口是市场三要素中最基本的要素。

(2)购买力。购买力是指消费者支付货币以购买商品或服务的能力,是构成现实市场的物质基础。一定时期内,消费者的可支配收入水平决定了购买力水平的高低。购买力是市场三要素中最物质的要素。

(3)购买欲望。购买欲望是指消费者购买商品或服务的动机、愿望和要求,是由消费者心理需求和生理需求引发的。产生购买欲望是消费者将潜在购买力转化为现实购买力的必要条件。

以上三个要素共同构成企业的整个市场,相互制约,缺少其中任何一个要素都不能成为企业的市场,这三个要素构成市场的矛盾运动,制约市场规模,决定着市场的基本状况及其发展趋势。

(二)市场的类型

按不同的划分标准,市场可以划分为不同的种类。

1. 按市场的主体不同来分类

(1)按购买者的购买目的和身份来分,市场可以分为消费者市场、生产商市场、中间商市场、政府市场。

(2)按企业的角色来分,市场可以分为购买市场、销售市场。

(3)按产品或服务供给方的状况来分,市场可以分为完全竞争市场、完全垄断市场、垄断竞争市场、寡头垄断市场。

2. 按交易对象的不同来分类

(1)按交易对象的最终用途来分,市场可以分为生产资料市场、生活资料市场。

(2)按交易对象是否具有物质实体来分,市场可以分为有形产品市场、无形产品市场。

(3)按交易对象的具体内容不同来分,市场可以分为商品市场、技术市场、劳动力市场、金融市场、信息市场。

(4)按地理标准来分,市场可以分为国内市场、国际市场。

(5)按市场的时间标准不同来分,市场可以分为现货市场、期货市场。

二、市场营销的内涵

国内外都有普遍的误解,就是把"市场营销"等同于"推销"。针对这种情况,美国市场营销学权威菲利普·科特勒指出:"市场营销最重要的部分不是推销!推销仅仅是市场营销冰山的顶端,推销仅仅是市场营销几个职能中的一个,而且往往不是最重要的一个。因为如果营销人员做好识别消费者需要的工作,发展适销对路的产品,并且搞好定价、分销和实行有效的促销,这些货物将会很容易地销售出去。"至此,我们可以将市场营销理解为与市场有关的人类活动,即以满足人类各种需要和欲望为目的,通过市场变潜在交换为现实交换的活动。现代市场营销活动包括市场营销研究、市场需求预测、新产品开发、定价、分销、物流、广告、人员推销、销售促进和售后服务等。

营销究竟是什么?老教授说:"它和需求有关。"CEO说:"它需要创新。"古董店的老板说:"它是一门艺术。"小贩说:"它就是如何赚钱。"文员说:"它跟销售没什么区别。"街边的大爷说:"不就是把东西卖出去呗。"的确,对营销下一个老少皆宜的定义并不是一件容易的事。不过那些五花八门的答案已经勾勒了新营销时代的轮廓:需求、创新、回归本质与关注人性。

市场营销的含义,国内外学者曾下过上百种不同的定义,本书采纳菲利普·科特勒的观点,将市场营销表述为:"市场营销是个人或群体通过创造、提供并同他人交换有价值的产品,以满足各自的需要和欲望的一种社会活动和管理过程。"

三、市场营销观念的发展

市场营销观念,也称营销导向、营销理念、营销管理哲学等,是企业制定营销战略、实施营销策略、组织开展营销活动所遵循的一系列指导思想的总称。企业的市场营销活动是在特定的经营观念(或称营销管理哲学)的指导下进行的。一种经营观念一旦形成,就会成为全社会在一定时期经营活动的行为准则。

(一)传统市场营销观念——以企业为中心的观念

1. 生产观念

生产观念是指导企业市场经营行为的最古老的观念之一,盛行于19世纪末20世纪初。生产观念认为,消费者喜欢那些可以随处买到和价格低廉的商品,企业应当组织和利用所有资源,集中一切力量提高生产效率和扩大分销范围,增加产量,降低成本。显然,生产观念是一种重生产、轻营销的指导思想。其观念前提是"物以稀为贵,只要能生产出来,就不愁卖不出去";

其指导思想是"我能生产什么,就销售什么,我销售什么,顾客就购买什么";企业的主要任务是"提高生产效率,降低产品成本,以量取胜"。

20世纪初,美国福特汽车公司制造的汽车供不应求,亨利·福特曾傲慢地宣称:"不管顾客需要什么颜色的汽车,我只有一种黑色的。"福特公司1914年开始生产的T型车,就是在"生产导向"经营哲学的指导下创造出奇迹的,使T型车生产效率趋于完善,成本降低,使更多人买得起。到1921年,福特T型车在美国汽车市场上的占有率达到56%。

2. 产品观念

产品观念,也是一种较古老的企业市场营销观念,是与生产观念并存的一种市场营销观念,都是重生产、轻营销,其出发点仍是企业生产能力与技术优势。产品观念认为,消费者喜欢高质量、多功能和具有某些特色的产品。因此,企业管理的中心是致力于生产优质产品,并不断精益求精,日益完善。在这种观念的指导下,公司经理人常常迷恋自己的产品,以至于没有意识到产品可能并不迎合时尚,甚至市场正朝着不同的方向发展。他们在设计产品时只依赖工程技术人员而极少让消费者介入。

杜邦公司在1972年发明了一种具有钢的硬度,而质量只是钢的1/5的新型纤维。杜邦公司的经理们设想了大量的用途和一个10亿美元的大市场。然而这一刻的到来比杜邦公司所预料的要晚得多。因此,只致力于大量生产或精工制造而忽视市场需求的最终结果是其产品被市场冷落,使经营者陷入困境。

3. 推销观念

这一经营观念产生于资本主义经济由"卖方市场"向"买方市场"的过渡阶段。盛行于20世纪三四十年代。推销观念认为,消费者通常有一种购买惰性或抗衡心理,若听其自然,消费者就不会自觉地购买大量本企业的产品,因此企业管理的中心任务是积极推销和大力促销,以诱导消费者购买产品。其具体表现是:"我卖什么,就设法让人们买什么。"执行推销观念的企业,称为推销导向企业。在推销观念的指导下,企业相信产品是"卖出去的",而不是"被买去的"。于是,企业逐渐重视广告术、推销术和市场调查,逐渐关心产品销售状况,而不像过去那样仅仅关心产品的产量。如美国皮尔斯堡面粉公司的口号由原来的"本公司旨在制造面粉"改为"本公司旨在推销面粉",并第一次在公司内部成立了市场调研部门,派出大量推销人员从事推销活动。

但是,推销观念与前两种观念一样,也是建立在以企业为中心的"以产定销",而不是建立在满足消费者真正需要的基础上。因此,前三种观念被称为市场营销的传统观念。

(二)现代市场营销观念——以消费者为中心的观念

1. 市场营销观念

市场营销观念是以消费者需要和欲望为导向的经营哲学,是消费者主权论的体现,该观念形成于20世纪50年代。市场营销观念认为,实现企业诸目标的关键在于正确确定目标市场的需要和欲望,一切以消费者为中心,并且比竞争对手更有效、更有利地传送目标市场所期望满足的东西。

市场营销观念的产生,是市场营销哲学的一种质的飞跃和革命,它不仅改变了传统的旧观念的逻辑思维方式,而且在经营策略和方法上也有很大突破,它要求企业营销管理贯彻"顾客至上"的原则,从而实现企业目标。因此,企业在决定其生产经营时,必须进行市场调研,根据市场需求及企业本身条件选择目标市场,组织生产经营,最大限度地提高顾客的满意程度。执行市场营销观念的企业称为市场导向企业。其具体表现是"尽我们最大的努力,使顾客的每一美元都能买到十足的价值和满意"。

当时,美国贝尔公司的高级情报部所做的一个广告,堪称是以满足顾客需求为中心任务的一个典范。现在,今天,我们的中心目标必须针对顾客,我们将倾听他们的声音,了解他们所关心的事,我们重视他们的需要,并永远先于我们自己的需要,我们将赢得他们的尊重。我们与他们的长期合作关系,将建立在互相尊重、信赖和我们努力行动的基础上。顾客是我们的"命根子",是我们存在的全部理由。我们必须永远铭记,谁是我们的服务对象,随时了解顾客需要什么、何时需要、何地需要、如何需要,这将是我们每一个人的责任。

美国的迪士尼乐园,欢乐如同空气一般无处不在。它使得每一位来自世界各地的儿童美梦得以实现,使各种肤色的成年人产生忘年之爱。因为迪士尼乐园成立之初便明确了它的目标:它的产品不是米老鼠、唐老鸭,而是快乐。人们来到这里是享受欢乐的,公园提供的全是欢乐,公司的每一个人都要成为欢乐的灵魂。游人无论向谁提出问题,谁都必须以"迪士尼礼节"回答,绝不能说"不知道"。因此,游人们一次又一次地重返这里,享受欢乐。反观一些娱乐城、民俗村、世界风光城等,那单调的节目、毫无表情地解说、爱理不理的面孔,哪有欢乐可言?由此可见,我国企业树立市场营销观念之迫切性。

2. 社会市场营销观念

所谓社会市场营销观念,就是不仅要满足消费者的需要和欲望并由此获得企业利益,而且要符合消费者自身和整个社会的长远利益,要正确处理消费者欲望、企业利润和社会整体利益之间的矛盾,统筹兼顾,求得三者之间的平衡与协调。

从20世纪70年代起,随着全球环境破坏、资源短缺、人口爆炸、通货膨胀和忽视社会服务等问题日益严重,要求企业顾及消费者整体利益与长远利益的呼声越来越高。在西方市场营销学界提出了一系列新的理论及观念,如人类观念、理智消费观念和生态准则观念等,其共同点都是认为,企业生产经营不仅要考虑消费者的需要,而且要考虑消费者和整个社会的长远利益。

社会营销观念的基本核心是,以实现消费者满意以及消费者和社会公众的长期福利作为企业的根本目的与责任。理想的营销决策应同时考虑到消费者的需求与愿望的满足,消费者和社会的长远利益,企业的营销效益。

任务三 物流市场营销

一、物流营销的概念和特征

无界物流营销——京东物流

（一）物流营销的概念

物流营销是指物流企业为了有效满足客户的物流需求而系统地提供服务概念、服务方案、服务行为并为客户创造利益和价值的过程。物流营销是物流必不可少的环节，是市场营销的组成部分，是市场营销在物流领域的具体应用和发展。

物流营销是带动物流企业持续发展的"火车头"，一个物流企业只有进行了成功的营销，才能抓住客户，物流营销对物流企业发展具有重要意义。

（二）物流营销的特征

物流营销最基本的特征就是发现物流客户并为需要物流服务的物流客户提供有效的物流服务。物流企业是现代服务业的重要组成部分，物流营销与服务业的市场营销相比，既有服务营销的共性，又有物流营销的个性。

1. 物流营销与服务营销的共性特征

（1）服务的无形性。有形产品常表现为一个物件，服务则表现为一方向另一方提供的行为、绩效或努力。服务是无形的，让人不能触摸或凭肉眼看见其存在而只能感觉、体验和享受的。消费者得到的仓储、运输服务也是无形的，能够看到的整洁的仓库、干净的运输车仅仅是服务的载体。服务的无形性意味着物流服务不可能在服务活动开始前进行有形展示而只能随着物流服务活动的展开而一步一步地向顾客展示。

（2）服务过程的客户参与性。任何服务的生产过程和消费过程都是同时进行的，即服务人员向客户提供服务的同时，客户在消费服务，两者在时间上、地点上、过程中不可分离。这意味着，客户只有加入服务的生产过程才能最终消费服务，如客户直接参与物流方案的制定及认可物流方案，双方始终保持良好的沟通、协调。

（3）服务的差异性。服务的过程是客户同服务提供者广泛接触的过程，服务的好坏不仅取决于服务提供者的素质、心理状态，也与客户的行为、感受密切相关。即使同样的标准化服务，由于服务人员服饰、心理状态的不同，客户知识水平、兴趣和品位的不同，客户对其评价也可能差异很大。

(4)服务的不可储存性。服务的无形性和服务与消费的同时性,以及客户自身和需求的千差万别,使得服务具有不可储存的特性,一个物流项目的结束即意味着物流服务的结束,要想得到同样的服务,只能重新购买。

2. 物流营销的特性

(1)物流营销对象的广泛性和差异性。物流营销的对象非常广泛,差异很大,既有团体客户又有个体消费者,既有国内客户又有国际客户,既有大客户又有小客户,既有一次性客户又有长期性客户,既有单项服务客户也有综合服务客户。

(2)物流营销的服务增值性。物流营销和物流服务不仅能够支持生产经营活动价值的顺利实现,而且能够依靠创意的策划、先进的设备、便捷的信息传输、配套的资金融通能力、强大的供应链整合能力,产生巨大的新增价值,降低社会物流成本,提高社会物流效率,创造巨大的经济价值和社会价值。

(3)物流营销的功能独立性。现代物流企业的营销活动是独立于物流企业内部功能活动(如人事、财务、后勤、行政等)的业务单元,具有独特的功能——通过市场调查、方案评估、服务项目开发与设计、营销网点与渠道选择、广告宣传、客户关系管理等为客户服务,同时促使物流企业本身适应环境变化,抓住市场机会,扩大市场占有率,在竞争中获得优势。

(4)物流营销的运作系统性。现代物流包括营销、采购、运输、仓储、流通加工、包装等功能,各物流运作功能之间存在着相辅相成的有机联系。现代物流企业必须以营销为龙头,整合物流企业内部的采购、运输、仓储、流通加工包装等基本作业的服务能力、物流运作系统设计的能力和物流系统管理的能力,通过系统的运作,为客户提供系统的服务。

(5)物流营销的竞争协作性。现代物流企业通过完善的物流运作系统来合理配置物流资源,提高物流服务能力和服务效率,创造更多的物流价值。但是,大多数现代物流企业的资源和能力相对庞大的社会物流需求来说仍然有限,因此,现代物流企业就必然需要通过协作来参与市场竞争活动。

二、物流营销的作用

物流营销的理论、方法、工具指导物流企业营销业务的开展。物流营销对社会、物流企业自身发挥着不同的作用。

(一)物流营销对社会的作用

1. 联结工商企业和消费者,形成物流网络

随着现代经济网络化的发展,企业竞争是一种网络间的竞争,竞争优势也是一种网络优势。物流营销引导物流企业以物流服务的方式,有效地联结了供应商、厂商、批发商和零售商,打造了一个集成商流、物流、信息流和资金流的网络,有效地推动了商品从生产到消费全程的顺利流动、信息的传递和资金的流动。

2. 降低交易成本，节约运行成本

物流营销能够从以下四方面降低交易成本、节约运行成本。

(1)通过形成伙伴间的信任关系，减少搜寻成本和履约风险。

(2)通过物流营销和物流服务，使原来分散的物流节点和线路等要素之间偶然的、随机的关系变成了网络成员之间紧密且经常的联系网络，减少了客户的交易成本、使用网络源和要素的成本。

(3)物流企业借助精心策划的物流服务方案和适时运送手段，可以减少库存，改善相关企业、社会的现金流量。

(4)在物流营销和规模经营的影响下，工商企业业务外包能降低经营成本。

3. 改善资源配置，提高社会效益

物流营销获得的信息资源共享、优质的客户服务体系共享、资源共享条件下的准时化、小批量的配送系统和共同配送系统的建立，可在社会范围内合理配置制造、商贸、物流企业的人、财、物、信息、时间等资源，提高物流资源的利用效率，产生提升商业物流环境、缓解交通压力、保护环境、改善大众生活品质等社会效益。

(二)物流营销对物流企业的作用

1. 引导市场需求，提高营销能力

在市场竞争日益激烈的现代社会，物流企业应以市场为导向，重视客户的需求，加强企业的服务意识。物流营销可以很有效地为物流企业收集客户需求、市场信息、产品状况等方面的信息，使物流企业有的放矢，提高物流资源配置的能力，最大限度地满足客户的需要，实现企业的营销目的。

2. 集中资源优势，减少投资风险

现代物流领域的设备设施、信息系统等投入较大，加上物流需求的不确定性和复杂性，投资有巨大风险。物流营销可以集中资源优势，使企业实现资源优化配置，将有限的人力、财力集中于核心业务，进行重点研究，发展基本技术，开发新产品等，以增加竞争力。

3. 实行差别经营，降低运行成本

物流营销之所以能够显著降低交易成本，主要是因为其主体是由诸多节点和线路组成的网络体系。由原来点和点、要素和要素之间偶然的、随机的关系变成了网络成员之间的稳定的、紧密的联系。从交易过程看，物流营销有助于减少物流合作伙伴之间的相关交易费用。同时，物流营销可以减少库存。物流提供者借助精心策划的物流计划和适时的运送手段，可以最大限度地减少库存，改善需求企业的现金流量，实现成本优势。另外，由于物流企业的规模经营，使得物流业务外包的费用比单个企业自身经营的费用要低，其中的差值就是物流企业所节约的成本，也是其客户服务利润的来源。

4. 合理配置资源，提高物流能力

物流营销可以更好地处理和分析所获得的市场信息、客户信息。用营销知识分析物流市场情况，有利于物流企业进行内部治理、资源配置，提高服务质量，增加物流灵敏性。这样，物流企业可以及时、优质地配送货物。因此，信息资源最大范围的共享，优质的客户服务体系，准时化、小批量的配送系统，可以提高物流企业的核心竞争力。

5. 围绕客户服务，提升企业形象

物流营销以客户为服务中心，物流提供者与客户是战略伙伴关系。物流企业为客户着想，通过遍布全球的运送网络和服务提供大大缩短了交货期，帮助客户改进服务，树立自己的品牌形象。物流企业通过"量身定做"式的设计，制定出以客户为导向，低成本、高效率的物流方案，使客户在同行中脱颖而出，为企业在竞争中取胜创造了有利条件。

三、物流营销的原则

（一）规模原则

物流企业的效益取决于它的规模，因此进行市场营销时，首先要确定某个客户或某个客户群的物流需求具有一定的数量和集中度，然后才去为他们设计、提供有特色的物流服务。

（二）合作原则

现代物流要求在更大范围内合理配置资源，但物流企业本身并不一定拥有完成物流活动的所有资源和功能。物流企业只有做好自身的核心物流业务，而将其他业务外包给别的物流企业完成或联合别的物流企业完成，才能最终完成物流服务，取得服务收益。合作需要物流公司在提供物流服务的过程中，与客户深入沟通、密切配合。合作还意味着物流公司内部各部门的精诚团结，共同服务好客户。

（三）回报原则

对物流企业来说，市场营销的真正价值在于其为企业带来短期或长期利润的能力。取得回报是物流企业生存和发展的物质条件，是营销活动的动力，而物流企业在营销活动中要回报客户，要满足客户的物流需求，为客户提供价值，回报是维持市场关系的必要条件。因此，物流营销目标必须注重产出，注重物流企业在营销活动中的回报。

四、物流营销的流程

一个完整的物流营销的基本流程，包括发现市场机会、选择目标市场、确定营销策略、管理营销活动四个环节。

（一）发现市场机会

市场机会就是未满足的物流服务需求。物流企业无论运用何种方法，都需要对市场需求进行测量和预测，弄清楚所有在市场上销售的同类产品或服务及其销量，估计现有消费者的需求规模,查找需求没有满足的市场空间。

(二)选择目标市场

在市场机会的基础上,物流企业需要按照市场细分、确定目标市场、市场定位的顺序,选择自己的目标市场。

1. 市场细分

市场细分就是物流企业根据消费者需求特性,把某一服务的整体市场划分为若干个消费者群的市场分类过程。通过市场细分,物流企业可以有效地分析和了解各个消费者群的需求满足程度和市场上的竞争状况,发现哪类消费者需求已经满足,哪类消费者需求尚未充分得到满足,哪些尚无适销对路的服务去满足;发现哪些细分市场竞争激烈,哪些较少竞争,哪些尚待开发。满足水平低的物流服务部分,通常存在着极好的市场机会,销售潜力大且竞争者较少。

2. 确定目标市场

确定目标市场指物流企业在市场细分的基础上,根据自身的实力、资源、核心竞争力,有选择地进入一个或多个物流细分市场,即物流企业的目标市场。

3. 市场定位

物流企业选定了自己的目标市场后,还需要进行市场定位。市场定位就是为使某种物流服务在市场上以及在目标消费者心目中占有明确的、突出的和必要的位置而进行决策。这样物流企业可以有针对性地开展营销工作,以使物流服务更易打入市场,取得更大的市场优势。

(三)确定营销策略

营销策略即营销组合策略。物流营销组合,即物流企业针对目标市场的需要,对内部可以控制的产品(服务)、价格、分销、促销等各种营销因素进行优化组合和综合运用,以满足目标市场的需要,更好地实现物流企业的营销目标。

(四)管理营销活动

管理营销活动是指对物流营销工作进行有效的组织、实施与控制。

【项目小结】

学习物流营销相关知识,必须结合物流和市场营销的相关知识,本项目主要介绍了物流的基本概念、物流活动的基本构成要素、物流系统,以及市场营销的概念内涵和营销观念的转变,并在此基础上分析了物流营销的概念、特征、作用及物流营销的流程。

【思考与练习】

一、选择题

1. 物流企业市场营销管理的实质是(　　)。

    A. 市场管理　　　　B. 需求管理　　　　C. 关系管理　　　　D. 顾客管理

2. 市场营销的核心是（　　）。
   A. 销售　　　　　　　　　　B. 满足需求和欲望
   C. 交换　　　　　　　　　　D. 促销
3. 最容易导致企业出现市场营销"近视"的营销观念是（　　）。
   A. 生产观念　　B. 产品观念　　C. 推销观念　　D. 市场营销观念
4. （　　）是指对具有支付能力并且愿意购买某种物品的欲望。
   A. 需要　　　　B. 欲望　　　　C. 需求　　　　D. 营销
5. 下列的（　　）是市场营销的核心。
   A. 企业必须生产产品　　　　　B. 企业必须推销出产品
   C. 企业必须满足顾客需求　　　D. 企业的市场营销活动
6. "只要企业产品或服务的质量好、价格公道，便会顾客盈门，而不必讲究销售方式。"这种市场观念是（　　）。
   A. 生产观念　　B. 产品观念　　C. 推销观念　　D. 市场营销观念
7. 从营销的角度看待市场，市场是由（　　）有机组成的总和。
   A. 供求　　　　B. 人口　　　　C. 场所
   D. 购买力　　　E. 购买欲望
8. 物流市场的三要素是（　　）。
   A. 物流需求方　B. 物流供给方　C. 物流服务　　D. 物流场所
9. 市场营销者可以是（　　）。
   A. 交换中的双方　B. 交换中的一方　C. 卖者
   D. 买者　　　　　E. 中介机构
10. 营销活动范围十分广泛，它包括（　　）等环节。
    A. 市场　　　　B. 生产　　　　C. 交换
    D. 分配　　　　E. 消费

二、简答题

1. 什么是物流？物流的基本构成要素有哪些？
2. 简述物流系统的特征。
3. 什么是市场？市场的构成要素包括哪些？
4. 什么是物流营销？简述物流营销的特征。
5. 物流营销的作用有哪些？
6. 简述物流营销的原则。

三、案例分析

代送鲜花如今已经不再是什么新鲜事，城市里大大小小的送花公司也有不少，"天仙子"就是近两年发展较快的一家。除了普通的生日送花、节日送花、结婚送花、商务礼仪送花等，其推出的"鲜花天天开"和"每天送她一枝玫瑰"等特色服务也吸引了不少人的眼球。

当问到"天仙子"如何留住顾客时,总经理高先生认为,除了鲜花的质量好、配送及时外,公司对老顾客的很多优惠措施也发挥了作用。据介绍,凡是曾经在"天仙子"订过鲜花的老顾客,都可享受上次订花费用10%的返还。另外,还可以"先送花后付款"。订花人中有40%左右是回头客。

高先生告诉记者,公司对老顾客非常重视。他举了个例子:有个26岁的小伙子,在一家电脑公司工作,他经常通过"天仙子"给他在宾馆财务部门工作的女友送鲜花,前后已经有20多次了。2014年情人节的时候,小伙子的订花电话打晚了,"天仙子"的订单已经全部排满,但是为了不让这位老顾客失望,公司特别单独安排了车辆帮他送花,没有额外收取任何费用。

"我们建立了完整的客户关系数据库,"高先生说,"这样既可以防范风险,也有助于更好地开展客户服务。"

思考:"天仙子"作为物流企业,如何开展物流营销?采取了哪些具体措施?起到了什么作用?"天仙子"为什么能够成功?

【实训设计】

实地调查了解当地某一物流服务企业,了解其规模和业务,以及其物流服务的内容和客户对该企业的评价,了解其物流运作的模式以及企业的整体运营状况。

项目二　物流市场调查与分析

【知识目标】

1.理解物流市场调查的概念、目的、分类。

2.理解物流市场调查的方法、步骤,学会调查问卷的初步设计。

3.掌握物流市场环境分析。

【技能目标】

1.能够根据物流公司发起市场调查的意愿,对物流市场完成初步的调查及分析。

2.能够通过对不同调查对象的研究,设计不同的调查问卷,并分析调查问卷,撰写调查报告。

【导入案例】

A物流公司是某省知名的民营物流公司之一,C公司是A公司的常年客户,双方在运输、储存等主要物流业务方面均有长期的合作。近来,A公司发现与C公司的业务量有很大的下降,C公司对运输和存储的服务价格也压得比较厉害。A物流公司通过调查发现,C公司自己已经建立了一定规模的区内物流体系,它把自己的区内物流业务全部划转到自己的物流体系中,只有区域外的物流还是委托A公司来做,并且C公司还将区域外的部分业务分给另一家物流公司B来做,通过调查发现,B公司不但能为其提供运输、储存业务,还利用大数据分析技术为C公司提供相应的市场咨询等信息服务,为C公司了解市场、降低成本提供了大量的帮助。而对比自己的业务,A公司从来不关心C公司的需求,只是被动地接受货物,业务也仅仅停留在传统的等待运输和仓库保管作业上。

请思考以下问题:

1.为什么A公司会流失C公司的业务?传统物流企业应该如何进行业务升级和转型?

2.作为物流公司,怎样及时发现业务伙伴企业营运对物流公司的影响?

3.物流公司如何及时发现业务伙伴运营中对物流公司的需求?

任务一　认识物流市场调查

现在物流企业已经不仅仅是只做传统意义上的货物运输业务，随着竞争的加大，物流企业需要为客户提供更加优质的服务来保证企业的业务量，也保证了物流企业在行业内的优势，那么怎样才能对客户需求做到有的放矢，将企业自己的优势同客户的需求有机结合呢？这就需要首先解决客户需求的问题，而物流市场调查也成为物流公司业务核心的前提条件。

一、物流市场调查的概念

物流市场调查就是以明确的调查目的为导向，以科学的方法、客观的态度，收集物流市场相关信息，并用相关分析方法分析这些信息，为决策部门制定更加有效的营销战略和策略提供基础性的数据和资料。

现代管理理论认为，企业是"作为供应方的企业"，如图2-1所示，物流企业就需要作为"提供方"向客户提供其所需要的产品和服务。不同的客户有不同的需求，为了解客户所需，提供给不同客户不同的具有个性化的产品，就需要通过市场调查来分析、了解不同客户的需求。

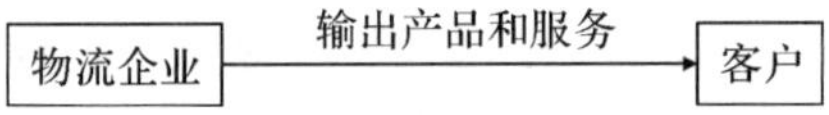

物流企业 ——输出产品和服务——→ 客户

图2-1　物流企业的产品输出

二、物流市场调查的目的

物流公司发起的市场调查根据不同的调查目的采取的方法也是不同的，物流市场调查是一项目的性非常明确的工作，有组织、有计划、有步骤。它的任务是为了收集足够的、真实的和有效的信息为物流公司策略和其他活动所服务。物流公司发起市场调查的目的有时是为了制定长远的战略性规划，有时是为制定某阶段或针对某问题的具体政策或策略提供参考依据。

（一）了解客户

作为物流企业，了解和分析各层次消费群体的消费需求和消费行为、提供符合客户需求的服务，对于培养忠实客户具有重要意义。物流公司发起市场调查，可以及时了解客户需求，为实施物流市场营销提供真实、可靠的市场基础数据。

（二）了解竞争者

物流企业竞争激烈，及时了解竞争者的服务水平、服务内容及相关产品价格策略、营销策略、竞争策略、研发策略以及财务状况，帮助企业发现竞争者的不足之处和优势，推进、改善物流公司自身的优势，提升服务水平，为企业的发展和获得产品营销活动的最佳经济效益提供市场依据。

（三）市场行情

通过市场调查，物流企业可以了解到市场向物流企业发出的信息，通过分析这些信息，可以为公司调整企业战略提供重要依据。

三、物流市场调查的分类

物流公司出于不同的目的发起的市场调查,从不同角度分类,可将市场调查分为不同的类型,这有利于突出调查的目的性,做到有的放矢,提高调查效果。

(一)按购买物流服务的目的分类

根据购买物流服务的目的不同,物流市场调查可分为物流客户市场调查和物流产业市场调查。

1. 物流客户市场调查

物流客户购买产品或服务目的是为了满足企业物流运输的需要。物流客户市场调查的目的主要是了解物流客户需求的数量和结构的变化。而物流客户需求的数量和结构的变化受到多种因素(如经济周期、同行业竞争、客户竞争力变化、客户主产品生命周期和客户公司经营状况等)的影响。对物流客户市场进行调查,除直接了解需求数量及其结构外,还必须对诸多影响因素进行调查。

2. 物流产业市场调查

物流企业提供的是服务产品,物流产业市场调查主要是调查物流市场行业新变化、新动态,竞争者具有竞争力的产品或服务,产业上、下游企业趋势等方面的内容。

(二)按调查范围分类

根据调查范围的不同,物流市场调查可分为客户需求调查和物流供给调查。

1. 客户需求调查

客户需求调查是对物流市场中客户需求的调查,包括对现有的客户服务现实需求和潜在需求、潜在客户的服务需求,客户的购买服务的数量变化以及需求层次变化的调查。

2. 物流供给调查

供给调查是对某一时期内,在物流市场中,各物流商提供的物流服务的产品供给量的调查,包括对物流价格、物流数量和物流服务水平的调查。

(三)按物流流通环节分类

根据物流流通环节的不同,物流市场调查可分为大宗物流市场调查和零散物流市场调查。

1. 大宗物流市场调查

大宗物流市场调查一方面是对大客户的流量、流量变化趋势以及流量品质变化等层次发起调查,另一方面是对商品批发市场的物流数量和规模等方面进行的调查。通过调查,掌握大客户和批发市场的商品交易状况,分析他们的流通数量、流通渠道与社会生产和零售市场的关系等。

2. 零散物流市场调查

零散物流市场调查是为了调查个人或社会集团消费的商品交易中对物流的需求情况,主要调查不同经济形势下零售商的数量与社会零售商品的流转情况,研究其发展变化的规律,调查消费者在零售市场上的习惯对于物流服务的需求。

(四)按物流服务运输的产品分类

根据物流服务运输产品类别的不同,物流市场调查可分为不同商品类别和不同商品品种的调查。

按物流服务运输商品大类来分,物流市场调查可分为食品类、服饰类、日用品类、医药类、家电类等。按商品大类进行的市场调查,其资料可以用来研究居民的消费结构及其变化,从而为企业战略规划提供依据。

按照不同商品品种的调查,物流市场调查还可以进一步划分为不同的小类或具体商品品种的市场调查,如食品大类商品又可划分为粮食类、副食类、调味品类等小类商品的市场调查。按商品小类进行市场调查,所取得的资料对于研究不同商品的供求所需要的物流运输,提前规划物流服务产品,组织安排运力,提高物流企业的经济效益有重要作用。

(五)按物流所需区域分类

根据物流市场所需要的区域的不同,物流市场调查可分为国内市场调查和国际市场调查。

1. 国内市场调查

国内市场调查是指以国内市场为对象进行的调查,可以分为全国性和地区性的市场调查,还可以划分为城市和农村的市场调查。

2. 国际市场调查

国际市场调查是以世界市场的物流需求动向为对象进行的调查。我国国内市场是国际市场的重要组成部分,国际市场同时也影响着我国国内市场。

按不同区域进行的物流市场调查所获得的资料,对于研究不同区域市场的特点,统筹规划、合理调配不同区域的物流体系,提高企业运作效率,具有十分重要的价值。

(六)按时间安排分类

根据时间安排的不同,物流市场调查可分为定期物流市场调查和不定期物流市场调查。

1. 定期物流市场调查

定期物流市场调查是指对物流市场情况每隔一段时间就进行一次的调查。其目的在于获得有关物流市场的现状以及发展变化趋势,为企业战略提供基础信息。

2. 不定期物流市场调查

不定期物流市场调查是指为了解决某种特殊问题而专门组织的一次性调查,其目的在于搜集有关每个特定物流现象的资料。

任务二 物流市场调查的方法

物流市场调查是物流企业针对一定领域展开的数据摸底,对完成企业战略调整、提供物流产品具有重要的参考价值,因此物流市场调查要求准确、系统、科学,这就要求调查必须按照一定程序和步骤进行。

一、物流市场调查的步骤

调查方案是实施调查项目的蓝图,如图 2-2 所示,涉及市场调查活动的各个方面,严格、科学的调查步骤是获得真实数据的前提。

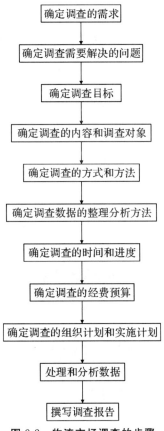

图 2-2 物流市场调查的步骤

(一)确定调查的需求

市场调查机构有两种方式确定物流企业对市场调查的必要性:一种是物流企业明确提出物流市场调查的需求;另一种是物流企业不能明确地表达市场调查的需求,只是物流企业意识到市场调查对于物流企业推出服务产品和进行战略调整的重要性,市场调查机构就需要深入物流企业了解其经营状况和遇到的挑战,帮助物流企业明确物流调查的目的性。

(二) 确定调查需要解决的问题

对调查需要解决的问题有一个清晰的界定，是调查取得成功的关键。此阶段需要调查设计者充分地了解企业调查的意图和需求，才能准确地设计出调查方案。

(三) 确定调查目标

确定调查目标是保证调查有效的关键一步，确定调查目标就是要确定调查所要达到的具体目的，即通过调查要解决什么问题，解决到什么程度。确定调查目标，首先要确定最重要的目标及重要项目，在不影响主要调查目标的情况下，可以安排一些次要目标调查。

(四) 确定调查的内容和调查对象

确定调查内容主要回答"调查什么"的问题，即确定调查的具体内容。在市场调查中，调查内容通常以调查表或调查问卷的形式表现出来。调查问卷的最后内容一般设计为调查对象给予的意见或者建议。值得注意的是，调查内容需要通俗易懂，最大限度地避免一些专业性特别强的用语。

调查对象是根据调查目的确定的调查研究总体或调查范围。调查单位是构成调查对象的每一个单元，它是调查项目和指标的承担者或载体。调查对象和调查单位所解决的是"向谁调查""由谁来提供所需数据"的问题。

(五) 确定调查的方式和方法

根据调查内容和调查对象的不同，调查方式主要有普查、抽样调查和拜访三种。调查方法主要包括面访调查、电话调查、实验调查、观察调查、文案调查、网络调查等。在实际调查时，采用何种方式、方法不是固定和统一的，而是取决于调查目标、调查对象、调查内容以及调查人员的素质等因素。但由于物流市场调查的特殊性，主要客户能够提供客户对物流企业的业务需求，为物流企业进行物流服务产品设计提供最直接的基础数据，因此，拜访也是物流调查的主要方法。

(六) 确定调查数据的整理分析方法

科学地整理调查得到的数据是形成报告的重要环节，整理调查数据的过程主要有分类、编辑、整理、汇总、分析。整理过程中要将重要调查对象的数据进行重点陈述，同时加工数据还要求将数据反映的结果系统化、条理化，反映研究事物的本质和规律性。

(七) 确定调查的时间和进度

由于调查的时效性，物流市场调查往往对调查时间有比较严格的要求，在制定调查时间时，要确定调查时间能够有效保证数据的统一性，以方便数据的分类与汇总，避免市场调查失效。

调查进度表是指对物流市场调查过程中的每一阶段需要完成的工作任务和所需的时间及人员安排进行规定，以督促或检查各阶段的工作，控制调查成本，保证按时按质完成各项调查工作。调查进度表的设定一定要注意安排好关键链路的衔接问题，控制好关键链路的时间，安排好重要时间节点的路线图。

(八)确定调查的经费预算

调查费用的落实是调查工作正式展开的基础,调查费用根据调查项目的不同而异。确定预算时,应有详细的工作项目费用计划。一般地,调查前期的计划准备阶段费用占总预算费用的 20% 左右,具体实施调查阶段的费用占总预算费用的 40% 左右,而后期分析报告阶段的费用占总预算费用的 40% 左右。在制订预算计划时,应该合理考虑各个不同阶段的费用支出,按照调查路线图有序支出费用。同时,还可以根据费用的支出来控制调查工作的进度,实时了解和配合调查路线图的推进,以便顺利地完成调查任务。

(九)确定调查的组织计划和实施计划

调查的组织计划,是指为了确保调查工作的实施而制订的具体的人力资源配置计划,该组织包括调查的策划层、调查项目负责人、设置的机构、调查员的选择、调查项目成员。

调查的实施计划,是指为了完成调查而制订的各种具体的实施计划,该计划包括调查的各个环节的开始时间、实施时间、完成时间,包括调查的质量控制措施、各项调查工作的分工和资源的调配等。

(十)处理和分析数据

调查获得的原始结果需要进行科学的后期处理,对于简单的调查可以通过人工进行合理的加工、整理,对于复杂和业务量大的数据,需要将数据录入数据库,通过分析软件进行分析得出结果。

(十一)撰写调查报告

市场调查报告是市场调查的最后一步,也是形成调查结果的一步,很大程度上决定着调查项目的成功与否。调查报告分为两个部分,一是陈述通过调查获得的成果,二是市场调查人员通过调查结果做出的专业判断。

二、物流市场调查的策划

物流市场调查策划是物流调查设计中最核心、工作量最大也是实施难度最大的部分,主要由以下几个部分组成:确定调查的目标与内容,设计市场调查抽样,设计市场调查问卷,制订市场调查方案。

(一)确定调查的目标与内容

1. 确定调查目标

在设计物流市场调查前,首先需要确定调查意图。一般而言,为了使调查目标更加准确,符合调查决策者的意图,可通过三个途径获得准确的调查意图。第一是和决策者进行充分讨论,也就是问决策者为什么要做调查,深刻了解决策者的意图。第二是会见专家,除了和决策者交谈外,会见对物流市场调查熟悉的专家,对更好地完成市场调查也是非常有帮助的。第三是分析二手资料,二手资料是了解调查背景知识最迅速的渠道,分析二手资料对于界定调查问题非常必要,只有充分分析了二手资料,才能合理地做收集一手资料的准备。

其次,确定调查目的。调查目的即调查的主题,调查内容要紧紧围绕这个主题展开,才能确定调查的对象、范围、内容和方法。

再次,确定调查对象和调查单位。明确了调查目的之后,就要根据调查的目的确定调查对象,这些调查对象首先要具有能够较好地回答调查问题的能力。在物流市场调查中,既要重视调查对象的总体性,也要注重调查对象的个体,特别是作为重要客户的个体,这些个体往往会对圆满完成调查起到重要作用。

2. 确定调查内容

物流市场调查内容一般分为市场宏观环境调查、物流行业环境调查和针对某个特定的企业或业务的调查。

(1)市场宏观环境调查包括政治环境调查、法律环境调查、经济环境调查、社会文化环境调查、科技环境调查和地理气候环境调查。

(2)物流行业环境调查包括市场与物流行业供需情况调查,对物流行业需求的人口分布状况调查,物流服务购买者的购买动机和购买行为的变化调查,市场上物流服务产品提供者的供给能力、供给范围、供应变化调查,物流市场上提供的营销活动的调查。

(3)针对某个特定的企业或业务的调查包括竞争企业的业务变化调查,物流公司客户特别是大客户的业务变化的调查,物流行业出现的新动态的调查,针对物流行业中某个特定现象的调查。

(二)设计市场调查抽样

市场调查抽样是指从样本总体中抽取一部分作为样本进行调查,并以样本的调查结果推断市场总体状况的一种调查方法。抽样调查以部分研究总体的性质决定抽样调查的非全面性,它主要适用于调查总体数众多的市场调查。

在物流市场调查抽样中采取随机抽样和非随机抽样。

1. 随机抽样

随机抽样分为简单随机抽样、系统抽样、分层随机抽样和分群随机抽样。

随机抽样具有调查范围和工作量比较小,排除人为的干扰的优点,能够省时、省力、省费用,能较快取得调查结果。在反映真实结果方面,抽取的样本也可以大致上代表总体,调查结果可以用来推断总体有关指标。但由于随机抽样的以部分研究总体的特点也导致随机抽样的方法存在一些缺点:①对所有调查样本都采取随机性,难以体现重点和特殊情况;②在调查范围上需要采样的范围比较广,时间长,人员多,不如非随机抽样效率高。

2. 非随机抽样

非随机抽样是人为地采取了一定的干预措施来优选抽样数据,主要有任意抽样法、判断抽样法、配额抽样法和"滚雪球"抽样法。

在非随机抽样调查中,由于采用了人为干预的措施,所以在选择样本上,要求抽样人员具有一定的经验基础、避免因为个人的喜好采取偏差抽样,同时对大客户需要给予一定的配额抽样,在"滚雪球"抽样法中要求抽样人员实时控制抽样结果不跑偏。

(三)设计市场调查问卷

如何设计调查问卷

1.调查问卷内容

问卷又称调查表,是以书面的形式系统地记载调查内容,了解调查对象的反应和看法,以获得资料和信息的一种载体。调查问卷是将所需调查的问题具体化,使调查者能顺利地获取必要的信息资料,并便于统计分析以及合理地设计调查问卷。调查问卷是由一系列问题组成的,选项也是便于统计的几种标准化和统一化的答案。

物流市场问卷调查根据使用方法不同,可分为自填式问卷和访问式问卷。自填式问卷回答灵活,问题设计上可以更加详尽、全面。

物流市场问卷调查根据问卷发放方式的不同,可分为送发式问卷、邮寄式问卷、报刊式问卷、人员访问式问卷、电话访问式问卷和网上访问式问卷六种。由于物流市场调查的特殊性,人员访问式问卷尤其是对大客户的人员访问式问卷应该在对大客户企业运营、大客户企业与委托调查的物流企业业务往来上做深入研究的基础上专门设计。

调查的问卷设计应该在形式和内容两方面满足市场调查的要求。从形式上看,调查问卷应该版面整齐、美观、便于阅读和填写答案。从内容上看,问卷应该做到以下几点:

(1)问题清楚明了,表述准确易懂,问题前后顺序安排合理。

(2)确保问卷能很好地体现调查目标,重点突出、全面。

(3)问卷表述客观,备选答案多样化,避免带有主观导向性的选项或引导,以避免引起调查对象的反感。

(4)问卷设计上便于统计整理。

在问卷调查过程中,需要向调查对象说明调查的目的和意义。问卷说明可以是口头的,也可以是书面的,一般放在问卷的开头,以便使被调查者了解调查的目的。问卷调查说明要求简洁。

[案例]

某学院在校生选修课选课状况调查问卷的说明

亲爱的同学们:

大家好!为了了解我院在校生选修课的选修兴趣方向,分析同学们需求趋势,更加合理地开设选修课程,教务处利用课间组织了这次调查。本调查纯属教学调查,调查资料仅供我院教学使用,不会透露给任何组织结构,请放心回答。对于大家的支持与合作,在此不胜感激!

2. 问卷设计的原则

问卷设计是调查者和调查对象信息交流的过程,调查者需要将所要调查的问题清晰地传给调查对象,并通过问卷接收到调查对象真实、准确的答案。由于被调查者存在的差异性,以及调查人员本身的专业知识与技能不同,使得调查工作具有一定的困难,从而影响到调查的结果。因此,为了尽可能地减少调查中的困难,顺利实现问卷调查,在问卷设计时需要遵循以下原则。

(1)目的性原则。问卷调查是通过向调查对象询问问题的方式进行的,这就要求在进行问卷设计时,严格筛选问题内容,做到内容精炼,并把主题分解为容易回答的问题,便于调查对象回答。

(2)可接受性原则。问卷的设计要比较容易让被调查者接受。调查问题的设计要遵循客观情况,减少人为的方向性引导,否则可能会引起调查对象的反感,导致调查对象拒绝接受调查。在语言设计风格上,用词要亲切、温和,提问部分要自然、有礼貌、有趣味。如果调查经费允许,可给予一些物质鼓励。在调查前的调查说明中,要说明为被调查者保密,以消除被调查者的心理压力,使调查对象认真填好问卷。

(3)顺序性原则。在设计问卷内容时,应该遵循循序渐进的原则,合理安排问卷的排列顺序,使问卷条理清楚,以提高回答的效果。

(4)简明性原则。在设计问卷内容时,问题围绕主题展开,但需要简单明了,避免啰唆,问题也不宜太多。在时间设计上调查时间要短。

(5)匹配性原则。在设计问卷内容时,还应该考虑到后期数据采集、加工、分析的问题。

3. 问卷设计的步骤

调查问卷是调查者根据委托人的意图和要求设计的一份问卷,它是由将调查主题进行合理分解后形成的一系列问题构成的,是从调查对象处获取信息的载体,是用来搜集一手资料和信息的常用工具。调查问卷设计的质量直接关系到信息资料的收集成效,进而影响到市场调查的整体效果。因此调查问卷的设计工作在整个市场调查中是非常重要的。

问卷设计过程一般包含以下步骤:

(1)确定调查所需的信息。调查问卷设计前,必须确定调查所需的信息,包括委托人的需求、调查主题、调查项目,达到研究目的和验证研究假设所需要的信息,获取信息的可行性分析等。

以上信息的获取,可通过两种途径:一是调查者在调查之前,积极与委托单位沟通,向有关人员咨询,深入了解调查意图、调查内容等问题。还可以向专业调查人员咨询调查问卷整体设计、调查说明、问题和答案的设计方法的选用等问题。二是收集有关资料,查阅一些同类或近似的问卷,查阅多年来行业统计资料,查阅行业内专家的评论性文章等,获得调查问卷设计的技术性指导。

(2)确定问卷的类型。问卷的类型受到几方面的影响,例如信息获取的可行性、调查对象、调查费用和调查时间等。

(3)确定问题的内容。问题的内容是整个调查的核心,需要准确反映调查问卷想要调查者回答的问题。由于被调查者的差异性,所以需要验证调查问题的可行性和可靠性。同时,由于被调查者很容易采取不配合的策略,所以问卷调查数量不宜过多。

(4)确定问题的类型。根据调查问题和调查对象的差异性,调查问题一般分为封闭式问题和开放式问题。封闭式问题具有统计简单、获取信息量大的优点,但容易产生误差。开放式问题能使调查对象比较准确地做出问卷,但后期加工比较复杂。

调查问卷中问题的主要类型及询问方式

随着调查技术的进步,现在更多的是采用半结构式类型,这种结构结合了上述两种类型的优点,但对内容设计者提出了比较高的挑战。

封闭式问卷举例:

1.您在选择物流公司时,最看中的是(　　　)。

　A.品牌　　　　　B.价格　　　　　C.服务质量　　　　　D.时间

2.您对 A 物流公司的价格的满意程度为(　　　)。

　A.非常满意　　　B.比较满意　　　C.一般　　　　　　　D.不满意

开放式问卷举例:

1.您对 A 物流公司在派送上有什么建议?

2.物流公司在运输过程中出现的延误,会多大程度上影响你是否继续选择这家物流公司?

半结构式问卷举例:

1.您是否介意 A 物流公司采用国际标准流程运输您的货物?(　　　)

　A.介意　　　　　B.不介意

2.您认为 A 物流公司在与贵公司的合作中,需要提供的物流产品创新有(　　　)。

　A.全程物流解决方案设计　　　　　B.物流保险服务

　C.为企业进行大数据分析服务　　　D.其他

3.贵公司在发展的过程中,希望 A 物流公司提供什么样的服务产品?

(5)撰写问卷开头、问卷问题顺序。问卷开头的说明语是对调查的说明,包括问候语、调查组织、访问者身份、调查用途、访问请求、完成调查后赠送礼品等。在问卷问题顺序的安排上,问题的编排应该具有一定的逻辑性,以避免给调查对象造成思维混乱。问卷上应该先易后难,将敏感性问题放在后面,以防被调查者拒绝。开放式问题一般放在最后。

(6)问卷测试。问卷设计完之后还需要做检查测试,确定问卷中问题是否有必要、和其他问题有无重叠、试卷题量是否合适、问卷是否紧紧围绕主题展开并涵盖了需要调查的问题、开放式问题留下的空间是否合适等。

(7)问卷评价。问卷的评价是对问卷设计质量的总体性评估,可以邀请专家、上级、委托单位和测试员进行评估,也可以做自我评估。

(8)问卷定稿。在问卷测试评价通过、没有必要再做修改后,就可以定稿了。

(四)制订市场调查方案

在确定了市场调查内容后,就应该制订调查方案了。

调查方案是负责调查任务的负责人根据调查项目目的,提交书面的可实施的调查方案,明确具体的调查项目、调查方法、调查时间、工作程序、组织安排、所需资源等内容,以便调查工作顺利开展。

市场调查方案是对整个市场调查的部署,方案以时间关键链路为整个方案实施的时间表,将调查工作的各个阶段和环节进行优化,在各个阶段和环节中做好调查所涉及的各个组成项目。

调查方案的制订,对整个调查的实施具有蓝图作用。

(1)调查方案的制订过程,是调查实施由概念到具体可量化、可实施的过程,是定性到定量的细化过程。

虽然调查方案前期已经经过多次讨论,但对涉及的具体实施细节,只有在方案里才会具体量化和清晰化,这个过程还可以纠正初步设想中的一些错误和冲突,这个过程是定性到定量的转化过程。

(2)调查方案的制订过程,是一个对涉及资源统筹部署的过程。

在调查方案中,将对涉及的资源进行统筹安排,调查过程中涉及很多复杂的资源调配和工序安排,通过合理的统筹安排,可最大限度地减少调查成本,提高效率。

(3)调查方案的制订过程,是一个创造的过程。

随着科技的进步,市场调查也越来越多地引入新方法,在调查方案的制订过程中,引入一些新的创造性的方法,对于增强调查效果、提高企业竞争力具有重要意义。

调查方案一般包含以下几个部分:前言、调查课题的目的和意义、调查机构设置、调查组织安排、调查的内容和具体项目、调查对象和调查范围、调查的方法、调查表设计、资料分析方法、时间进度安排、经费预算开支情况、市场调查结果撰写、调查后总结归纳、调查后资料归档整理。

[案例]

关于A物流公司开展某地区业务的调查

A物流公司是一家具有超过10年物流服务经验的企业,在南方享有较好的知名度。该物流公司以优质服务、公道价格著称。公司今年计划开发某省物流市场,某省现在已经有几家相对A物流公司实力较弱的物流企业。为了配合市场拓展的需要,切实了解某省对物流市场的真实需求,A公司组织以"A物流公司对某省物理市场调查"为主题的调查活动,目的是搜集相关市场信息,为进入该省物流市场决策做基础数据分析。

三、物流市场调查的实施

物流市场调查方案在前期无论制订得多么详细、周全,都需要有人来实施,特别是由于物流市场调查对象的复杂性、随机性和系统性,往往会产生一定的偏差,从而影响调查结果的可信性。因此,从实施角度考虑,运用科学的市场调查方法、组织和培训市场调查人员、控制调查项目实施过程就可以尽可能地减少偏差,从而提高调查成效。

根据市场调查复杂程度的不同,人员配备的完整程度也不同,比较复杂的市场调查需要以下人员:

1. 市场调查项目经理

市场调查项目经理是对市场调查项目实行质量、安全、进度、成本管理的责任保证体系和全面提高项目管理水平设立的重要管理岗位。市场调查项目经理是市场调查项目的策划者和执行总负责人,要负责处理所有市场调查事务的工作,是市场调查项目团队的领导者,他的职责是在预算范围内按时、优质地领导项目小组完成全部项目的工作内容,并使客户满意。为此市场调查项目经理必须在一系列的项目计划、组织和控制活动中做好领导工作,从而实现项目目标。

2. 市场调查实施主管

市场调查实施主管是项目经理领导下负责调查实施的具体负责人,要求具有扎实的理论知识和实践方法,有丰富的工作经验,同时也需要具有一定的组织和项目推进能力。

3. 市场调查督导员

市场调查督导员每天检查调查员的调查结果,并进行统计汇总上报,接受实施主管对进度、质量的实施调整。督导员还需要处理不正常的个案调查,指导调查员完成调查工作。

4. 市场调查员

市场调查员是调查实施的具体执行者,需要具有较好的社会接受程度,以便顺利完成调查。调查员与调查对象共同点越多,调查结果会越好。在选择调查员时,要根据调查对象的不同,选择匹配度较高的调查员。

5. 资料员

资料员负责调查数据的初期输入和分类、整理和归档,要求熟悉电脑软件,同时具有档案管理能力。

四、物流市场调查资料的分析和报告

调查企业的调查人员将收集到的信息进行处理,筛选出合格的信息,进行归类整理或输入电脑,研究人员运用分析统计方法进行数据分析或处理,形成报告并提供给决策者。

(一)整理调查资料的意义

调查资料的整理是对调查资料的加工过程,是用科学的方法将调查所得的原始资料按调

查目的进行审核、汇总、初步加工,使之系统化和条理化,并以集中、简明的方式反映调查对象总体情况的过程。整理调查资料的意义如下:

(1)调查资料整理是对调查结果的初步加工过程,是形成调查结果的基础性工作。

(2)科学地整理调查资料,可以提高调查资料的使用价值。

(3)合理地整理调查资料,往往可以从调查资料中发现新的信息,从而为物流企业个性化的物流服务产品提供数据依据。

(二)整理调查资料的步骤

整理资料具有承前启后的作用,是由零乱数据变成有价值的数据分析的过程。

1. 制订整理方案

整理方案是整理资料的大纲和准则,良好的方案是调查资料整理工作顺利进行的重要保障。

2. 资料的筛选

调查获得的资料,可用性一般呈现正态分布的特征,因此需要在资料输入前去掉一些偏差比较大的资料,维护资料的真实性,才能得到更接近于事实的结果。

3. 资料的分类和编码

资料的分类是根据调查的目的进行的,通过分类,可以对某类调查结果进行共性研究。在资料分类后,将资料的结果信息化,以便进行统计分析。

4. 数据分析

通过编码将资料信息化后,运用相适应的分析方法,进行统计和数据分析,将这些分析结果进行清晰、完整地表述,尽可能真实地接近实际情况,有助于后续的分析与预测工作。

任务三 物流市场环境分析

物流企业是一个开放的系统,其生产经营受外部环境的影响非常大,物流企业与外部环境不断进行着物质、能量、信息的交换,通过外部分析,物流企业可以识别外部环境中的机会或威胁,提前规划,规避风险。企业市场环境从结构层次上看,分为宏观环境、行业环境和微观环境三个部分。对物流企业而言,对物流市场的环境分析,其重点不是分析当前企业系统的环境,而是分析未来企业系统所处的环境,其目的是确认未来的社会经济环境,把握未来环境的变化趋势,创造出新的市场环境。

物流企业进行外部环境分析主要是发现机会和威胁,内部环境分析主要是发现优势和劣势。

一、物流市场宏观环境分析

物流市场宏观环境指对企业活动一般不会产生直接影响,但又能经常影响企业决策的因素,这些影响因素往往是企业不可控的。物流市场宏观环境包括政治法律环境、经济环境、社会文化环境、科学技术水平和自然环境。

(一)政治法律环境

政治法律环境具有直接性、难以预测性和不可逆转性,往往会给物流企业带来较大的影响,物流企业宏观环境分析在进行政治法律环境分析时需要研究业务所在区域的政治制度、政党制度及政治性团体、国家方针政策、军事国防形势、国家的法律规范、国家的执法情况以及当地企业的法律意识。

(二)经济环境

物流企业主要是为促进当地经济发展服务的,一般来说,经济越发达的区域对物流服务的需求也越大。进行经济环境分析时要考虑当地的经济总量、发展速度和发展态势等经济状况,还需要考虑决定当地消费水平的居民收入水平以及人口数量和物价水平。

(三)社会文化环境

社会文化环境指企业所处社会的结构、社会风俗和习惯、信仰和价值观念、行为规范、生活方式、文化传统、人口规模和地理分布等因素。

(四)科学技术水平

物流服务是一个与科学技术水平密切相关的行业,一个技术的发展和应用往往能给物流企业带来重大的发展机遇。科学技术水平越高的区域,用科技推动物流企业的力量就越强,给企业的压力就越大。

(五)自然环境

自然环境指对企业经营产生影响的诸多自然因素的总和,包括自然资源、地理与气候、自然变化等。自然环境的变化对企业的影响巨大,会给企业带来新的机遇或挑战。

二、物流市场行业环境分析

物流市场行业环境分析主要是研究物流市场中本行业的企业竞争格局以及物流行业和其他行业的关系。研究物流市场行业环境分析主要从供应商、购买商、竞争者和替代产品几方面着手。

(一)物流供应商

物流供应商是从事物流活动各种资源和服务的企业的总称,包括各种为物流企业提供设备、工具、能源、土地和房产的供应商,还包括为物流活动提供货物运输、设备维修、清洁、保安等的服务机构,以及为物流活动提供信贷的金融机构和提供人才的中介机构。这里主要分析为物流活动提供货物运输服务的物流供应商。

物流企业进行物流市场行业环境分析时,需要对企业业务区域物流供应商有一个详细的了解和认识,一般需要考察以下几方面:

1. 物流企业的数量和实力差距

在物流行业中,如果物流企业数量较多,企业间的竞争就会比较激烈;如果数量较少,则企业间的竞争会缓和一些。同时,如果企业间实力差距较小,企业间的竞争就会比较激烈;如果实力差距较大,则企业间的竞争会较为缓和。

2. 物流行业的发展速度

物流行业处在不同的行业生命成长周期,其发展速度是不同的,这种不同的发展速度又会影响行业的竞争激烈程度。一般情况下,行业发展速度快,企业发展机会就越多,企业间获得的利润就越高,企业间的竞争就会比较缓和。

3. 物流企业提供服务产品差异化程度

物流企业间竞争,服务产品差异化程度是竞争的关键因素。企业间提供的服务产品差异化越小,标准化程度越高,竞争就越激烈。

4. 用户的转换成本

用户的转换成本是指客户因为需要变更物流服务产品提供商而付出的成本。一般而言,客户转换提供物流客服产品的物流公司成本越高,客户变更物流服务提供商的可能性越小。

5. 物流产品大量增加

如果物流服务产品大量增加,意味着物流企业生产能力大量增加或增加了新的供应商,可能导致企业间的竞争变得更激烈。

6. 退出壁垒

一些物流企业如果盈利不足,可能会考虑退出物流行业,寻求新的发展领域,这时会受到企业内部一系列因素的阻碍,亦称为退出壁垒。构成退出壁垒的因素主要有:物流专用性资产、内部战略关系、退出成本、情感因素和政府政策。这些因素增加了物流企业退出行业的难度。

(二)物流服务购买商

物流服务购买商是购买物流公司提供的以物流运输、仓储为主的物流服务的客户。

物流企业进行物流市场行业环境分析时,需要分析物流服务购买商对物流服务的需求。而购买商在购买物流服务产品时,总是希望用尽量少的钱买到尽量多、物美价廉的产品,一般物流企业需要考察买方的议价能力。

1. 购买商集中大批量购买物流服务产品

如果购买商集中大量购买物流服务产品,一般会具有较强的议价能力,尽量压低价格,并要求物流公司提供高质量的服务。

2. 产品标准化程度高

如果物流公司提供的产品标准化程度高,购买商选择的范围就比较大,处于优势地位,会尽量压低价格。

3. 购买商具有强大实力,有实现后向一体化的可能

购买商实力强大,有可能在自己的企业中增加新业务,替代物流公司提供的物流服务,会对物流公司造成较大的压力。

4. 购买商具有更全面的信息

如果购买商掌握比物流公司更全面的信息,购买商就会压低采购价格。

(三)物流服务同业竞争者

竞争者包含两部分,一是原来的竞争者,二是新加入的竞争者。物流公司面对竞争者,需要分析竞争者以下几方面:

1. 物流公司的规模经济

物流规模经济是在一定时期内,单位物流成本随着物流公司总体规模的增加而降低。物流规模经济迫使竞争者需要以较大的规模经济介入竞争,这样难度很大,使规模较小的物流公司利润减少。

2. 物流服务产品的差异化程度

较大的物流公司由于具有较大的规模,往往拥有自身的差异化优势,物流服务产品也具有显著特色,竞争力较强。

3. 物流技术限制

随着物流行业不断地提高物流技术的应用水平,新兴技术也越来越多地应用到物流市场分析、物流仓储、配送中,这样势必会对一些技术落后、规模较小的物流公司形成巨大的压力。一些特殊运输品(如石油、天然气、危险产品、超大件、有色金属、特殊材料)也天然限制了一些物流公司的竞争加入。

另外,物流公司还需要考虑到物流销售渠道、资源供应、物流专用性资产、政府政策、法律限制等因素。

(四)物流服务替代产品

随着时代的发展,一些原来需要实体运输的实物逐渐被一些新型的产品所替代,也必然会影响物流企业。

专业的采购机构依靠自身所掌握的专业技能、信息、专业知识向物流产品服务商购买以物流服务为主的产品。比如天然气代替煤炭的运输、电子信息代替书信等。

【项目小结】

本项目主要介绍了物流市场调查的基本概念、物流市场的调查目的和分类,还介绍了物流市场调查的方法、步骤,以及调查问卷的初步设计,并在此基础上介绍了物流市场环境分析方法。

【思考与练习】

一、选择题

1. 以调查某一时期某种产品的销售量为何大幅度滑坡为目的的市场调查是（　　）研究。
   A. 探测性　　　　　B. 描述性　　　　　C. 因果关系　　　　D. 预测性

2. 市场营销主体与社会公众之间的信息互相传输、交换，体现了市场调研与预测的（　　）。
   A. 认识功能　　　　B. 信息功能　　　　C. 沟通功能　　　　D. 反馈和调节功能

3. 以发展的眼光而不是静止的眼光看待市场及其影响因素，体现了市场调研与预测的（　　）。
   A. 系统性原则　　　B. 动态性原则　　　C. 科学性原则　　　D. 因果性原则

4. 提出开展市场调研与预测任务和要求，并承担开展市场调研与预测费用的是（　　）。
   A. 开展市场调研与预测者　　　　　　B. 被调查者
   C. 开展市场调研与预测委托方　　　　D. 政府部门

5. 以下不属于企业外部市场调研与预测主体的是（　　）。
   A. 市场调研公司　　　　　　　　　　B. 广告公司的调研与预测机构
   C. 咨询公司　　　　　　　　　　　　D. 企业的会计部门

6. 市场信息的内容是（　　）。
   A. 市场体系及其各种影响因素
   B. 市场体系及其影响因素的存在方式和运动状态
   C. 反映市场的经济现象及活动的资料和数据
   D. 有价值的情报、资料和消息

7. 以下属于市场调研与预测问题的是（　　）。
   A. 是否应该进行市场细分　　　　　　B. 是否增加促销预算
   C. 怎样挽回已经失去的市场份额　　　D. 什么信息是需要的

8. 市场调研过程中的主体部分是（　　）。
   A. 非正式调研阶段　　　　　　　　　B. 市场调研设计阶段
   C. 资料收集阶段　　　　　　　　　　D. 调研结果处理阶段

9. 在固定样本连续调查法中，为了保证样本的代表性和资料的连续性，又能减轻调查户的负担，可采取（　　）。
   A. 样本轮换　　　　B. 任意抽样　　　　C. 判断抽样　　　　D. 配额抽样

10. （　　）被认为是结合了面谈访问与邮寄访问的一种方法。
    A. 个别深度访谈　　　　　　　　　　B. 电话访问法
    C. 询问访问　　　　　　　　　　　　D. 留置问卷访问

二、简答题

1. 物流市场调查包括哪几个步骤？
2. 物流市场预测的一般步骤是什么？

3. 物流公司为什么要进行市场分析？

4. 整理调查资料的步骤有哪些？

三、案例分析

A 物流公司长期承担某省会城市的物流运营，该公司通过公司大数据发现，随着人们生活节奏的加快，将需要干洗的衣服送干洗店后往往需要较长一段时间才能拿回，干洗店每天都需要发一定数量的干洗衣服。物流公司通过市场调查发现不少人想把脏衣服拿到干洗店却找不到干洗店或没有时间。于是物流公司兼并了 4 个中等规模的干洗店，并同时推出了干洗业务，只要客户打电话免费上门取货，洗好后再免费送回。该业务一推出便受到欢迎，成为物流公司新的利润增长点。

思考：随着大数据时代的到来，怎样运用大数据来协助物流公司做市场调查和分析并获得新的利润增长点？

【实训设计】

实地调查了解当地某一物流服务企业，了解其业务变化，以及物流市场调查结果在多大程度上对其业务变化的方向和深度产生了影响；了解该物流公司通过何种方式及时了解大客户的物流市场需求，并定制了怎样的服务产品。

项目三　物流目标市场营销

【知识目标】

1. 理解物流市场细分、物流目标市场选择、物流市场定位的概念、依据、作用。
2. 熟悉物流市场细分标准和方法以及营销组合理论。
3. 掌握物流企业目标市场的选择、策略以及物流市场定位的方法和步骤。

【技能目标】

1. 能够根据物流市场细分的依据、步骤和方法进行物流市场细分。
2. 能够进行物流目标市场的选择并对物流企业及其提供的服务产品进行有效定位。
3. 能够完成物流市场营销组合的初步设计。

【导入案例】

着力跨境电子商务物流细分市场，DHL加快在华发展步伐

作为全球领先的物流集团德国邮政DHL旗下公司，DHL电子商务(DHL eCommerce)宣布，计划将DHL电子商务在中国的整体规模提高超过50%，以满足中国出口跨境电商业务的飞速发展及其对配套高质量物流解决方案与日俱增的需求。为此，DHL电子商务将启用全新的DHL电子商务深圳包裹操作中心，同时扩大上海与香港现有包裹处理中心的规模，支持中国出口跨境电商业务的发展。

DHL电子商务深圳包裹操作中心的成立将推动深圳制造业的蓬勃发展，并为中国出口跨境电子商务的迅猛增长提供物流支持。该包裹操作中心年均处理量最高可达1 800万件包裹，同时能为电商货物出口至全世界提供更迅捷、更顺畅的运输与清关服务。作为华南地区电商出口货运的中央枢纽，深圳包裹操作中心将进一步巩固DHL电子商务在华市场的版图。通过该包裹操作中心，深圳当地出口跨境电商可通过DHL遍布全球220多个国家和地区的网络与世界各地的客户连接。

"中国出口跨境电商市场的潜力巨大，尤其是中美间的电商业务往来在2015年更是呈现3位数的增长"，DHL电子商务首席执行官Charles Brewer表示，"2015年中国在全球零售电商销售额中所占比例超过40%，而我们对中国的投资体现了DHL电子商务专注于发展高效可靠的物流服务，为中国出口跨境电商带来高质量的服务，时刻满足不断变化的客户期望。"

"跨境电商已占到中国对外贸易近20%的份额。截至2020年,中国B2C电商市场复合年增长率有望超过30%,"DHL电子商务亚太区首席执行官Malcolm Monteiro表示,"DHL电子商务深圳包裹操作中心的规模可扩大150%,完全有能力满足未来几年的增长需求。"

作为DHL电子商务在华东和华北地区电商出口的中央枢纽,设于上海九亭镇的上海包裹操作中心取得了不俗的成就。基于此,DHL电子商务又迅速跟进,设立了深圳包裹操作中心。为了迎合大中华区日益增长的需求,DHL电子商务还将扩大其位于沪港两地的包裹操作中心规模。届时,两地中心每年将能分别处理4 800万件与7 100万件包裹。

"自去年7月份成立以来,DHL电子商务上海电商包裹操作中心的中国电商出口货量增幅高达700%。随着沪港包裹操作中心扩张计划的实施,我们有信心为客户提供全面的支持,帮助客户连接全球消费者。"Malcolm Monteiro补充说道。

为了让出口跨境电商的物流进程畅通无阻,DHL电子商务通过新增在线接单等功能,对DHL电子商务专用客户端(Customer Web Portal)进行了升级。专用客户端可提供全天24小时自助服务,需要定期发货的出口跨境电商可通过该网站进行在线发货、追踪运输状态,现在还可在线指定接货地点,申请在线接单。

在线接单服务已推广至华南、华北和华东地区,覆盖深圳、广州、北京、上海、杭州以及义乌等十多个主要跨境电商出口城市。DHL电子商务货物追踪网站将向客户提供实际接单时间记录,从而让客户更直观地了解货物的运送情况。

为了进一步简化中国区在线业务交易处理,DHL电子商务专用客户端还整合了包括亚马逊(Amazon)和eBay在内的网络零售平台,出口跨境电商可在网络零售平台直接实现订单和销售渠道的无缝对接,实时安排发货并将货运追踪详情推送给销售渠道,大大提高了交易的透明度。

"中国已成为世界上电商营收额最高的国家。到2020年,电商市场份额将扩大至周边区域竞争对手的9倍",DHL电子商务中国区董事总经理郑挚表示,"随着DHL电子商务在中国的发展,我们将为出口跨境电商提供高性价比的服务解决方案、高品质的客户服务以及跨境电子商务的专业团队,以及多样化的服务选择。"

请思考以下问题:
1. DHL对中国物流市场细分的依据是什么?
2. DHL在国内的扩张将给本土物流企业带来怎样的挑战?

任务一　物流市场细分

一、物流市场细分概述

(一)物流市场细分的概念

市场细分(Market Segmenting)指企业根据客户需求的不同特征将整个市场划分成若干客户群的过程。每个客户群是一个具有相同特征的细分市场或子市场。企业针对不同的细分市场,采取相应的市场营销组合策略。也就是说,把某一产品的市场根据影响顾客需求特点的明显标志细分为若干小市场,然后对这些不同的细分市场采取相应的营销策略。从而能够在各个细分市场中提高企业综合竞争力、增加整体市场表现。

值得注意的是:首先,物流市场细分是对客户需求进行细分,而不是对产品(服务)进行细分。其次,物流市场细分是将具有相似需求特征的客户划分在同一个市场,并不意味着在这个细分市场内其他的需求差异不存在,需求差异性是客观存在的。

例如,某公司根据行业特点和产品属性进行物流市场细分,选择了汽车物流、家电物流、电子物流、展品物流作为目标市场,进而提供相关服务。公司提供的家电销售物流一揽子解决方案,就是从生产厂成品下线开始一直到各地经销商乃至终端客户,其中包含整个物流项目的管理策划、厂区仓储管理、干线运输、各地中转库管理、区域配送等服务。

(二)物流市场细分的依据

物流市场细分主要基于两个理论依据:一是由于顾客偏好、欲望和购买行为的多元化而产生的顾客需求差异性;二是由于物流企业的资源有限,只有将有限的资源投入某一具体市场,才能进行有效的市场竞争。例如,由于地域差异,不同地区的顾客可能倾向于不同的运输方式,而且物流企业也有可能为降低成本采用某种运输方式;另外,在存储要求方面,不同的物品需要不同的存储条件,再加上其他多种因素,差异性是明显的。因此,物流市场细分是必要的,是物流企业获得最佳经营业绩的基础。

(三)物流市场细分的作用

物流市场的需求是复杂多样的,没有一个企业可以满足市场上的所有需求。企业必须通过市场细分,精心选择自己最合适的市场来服务,从而发掘市场机会。物流市场细分的具体作用如下:

1.有利于企业更加准确地了解客户的需求

企业通过对市场进行细分,不仅可以了解整个市场的状况,而且还可以具体了解不同细分市场的不同需要,包括客户的满足程度、客户的现实需要和潜在需要,从而使企业能从客户的角度出发,提供客户所需要的服务,满足客户需求。

2.有利于企业合理地配置使用资源

任何企业的资源都是有限的,企业要想利用有限的资源在市场竞争中取得优势,只有通过市场细分,对客户的需求有较深入的了解,发现目标客户的需求特征,集中有限的人力、物力和财力,采取有针对性的营销策略,才可能在目标市场上取得更大的市场份额。

3.有利于物流企业提高经营效益

物流企业通过市场细分选择一个或多个物流细分市场作为目标市场,就有可能深入细致地分析研究物流市场的特点,集中人力、物力、财力,有针对性地设计物流服务,更好地满足目标市场需求。同时,由于物流企业面对的是一个或少数几个细分市场,可以及时有效地捕捉市场需求信息,根据需求变化随时调整市场营销策略,抢占市场先机,提升企业经济效益。

(四)物流市场细分的原则

物流企业要使细分市场真正具有实用价值,保证细分市场能为企业制定有效的营销战略和策略服务,企业细分市场要具备以下条件。

1. 可衡量性

可衡量性是指企业用以细分市场的标准是可以衡量的。这主要包括以下三方面:第一,客户对服务有不同的偏好,对企业的营销策略具有明显的不同反应;第二,企业必须能够获取客户的准确情报;第三,企业对于各细分市场能进行定量分析且便于对市场进行可行性研究,使企业能选择较好的目标市场。

2. 可进入性

细分后的市场应该是物流企业能够进入并占有一定的市场份额,否则,市场细分便失去了意义。例如,根据市场细分的结果,发现市场中已经有很多竞争者,自己无力抗衡、无机可乘或虽有未被满足的市场需求,但由于缺乏诸多先决条件无法进入,这种细分市场就没有现实意义。

3. 可盈利性

可盈利性是指企业进入目标市场后能够获得预期的利润。如果物流市场的规模很小,不能为企业获取足够的盈利,就不值得进行细分。

4. 稳定性

稳定性是指在一定时期内,细分市场的标志及细分市场保持相对不变。如果细分后的市场变动过快,目标市场稍纵即逝,企业营销风险则随之增加。

二、物流市场细分的标准和方法

(一)物流市场细分的标准

市场细分的标准有很多,常见的细分标准有地理因素(地区、城市规模、气候等)、人口因素(年龄、家庭规模、家庭生命周期、收入、职业、教育程度、社会阶层、宗教、国际、民族、种族等)、心理因素(生活方式、性格等)、行为因素(使用实际、追求利益、使用者状况、品牌忠诚情况等)。

就物流企业而言,市场细分的基础也是客观存在的需求差异性。差异性多种多样,根据物流市场的特点,可以从以下几方面进行细分。

1. 顾客所在的行业

以顾客行业为标准细分物流市场就是按照顾客所在的不同行业来加以细分市场。由于顾客所在的行业不同,顾客对物流需求存在差异性,但同一行业内的顾客对物流需求具有一定的相似性。其差异性主要体现在各个行业要根据各自的特点去组织物流活动,其相似性主要体现在每个行业实现物流功能的具体操作活动上。顾客行业细分主要可分为服装、家电、钢铁、石化、汽车、日用品等物流细分市场。

2.顾客规模的大小

以顾客规模为标准细分物流市场就是按照顾客对物流需求规模的大小来细分市场。由于物流需求客户的规模大小不同,需要提供的服务也存在很大的差异,一般可将顾客分为如下三类客户群:大客户、中等客户、小客户。

3.顾客追求的利益

有的客户追求服务价格的低廉,有的追求服务质量高、服务周到或服务速度快等。例如在货运市场上,顾客追求利益的复杂性还在于同一顾客在不同时期或在不同货种运输上追求的利益目标不同。有的顾客在一般情况下要求运价低廉,而在原材料供应紧张或生产产品抢占市场时则追求运送的速度快。按客户追求的利益还可将市场上的顾客进一步划分成追求低廉的客户类、追求服务的客户类、追求质量的客户类和追求运送速度的客户类。当然,也有追求两种以上利益的顾客,如同时注重物流的质量和速度。

4.顾客使用的频率

按照顾客使用物流服务的频率可以将物流市场的顾客分为长期型、中期型和短期型。

5.物品属性

按物品属性细分物流市场主要可分为生产资料市场和生活资料市场。以物品属性为标准细分物流市场,就是根据顾客所需物流活动中物品的属性或特征来加以细分市场。由于物品属性的差异性,物流企业在实施物流活动中,物流作业会产生很大差别,物品属性差别对物流诸功能的要求会体现在整个物流活动中,而且物流质量和经济效益也同物品属性有很大联系。例如,按货物所需的运输和保管条件,可以分为普通货物和特殊货物。普通货物是指在运输过程中对运输工具的运行没有任何特殊要求的货物。特殊货物是指在运输和保管中必须采取特别措施,以保证运输安全和货物完好无损的货物。特殊货物又分为特大货物、长形货物、沉重货物、危险货物、鲜活易腐货物、贵重货物等。特大、长形、沉重货物统称阔大货物,大、长、重的界限视各种运输工具的载运能力和装卸能力而定。

6.地理区域

以地理区域为标准细分物流市场,就是根据客户所需的物流的地理区域的不同来细分市场。由于物流活动所处的地理区域不同,而不同区域的经济规模、地理环境、需求程度和要求等差异非常大,使物流活动中的物流成本、物流技术、物流管理、物流信息等方面存在较大的差异,而且不同区域的客户对物质资料的需求也会不同,这就使得物流企业必须根据不同区域的物流需求确定出不同的营销手段,以取得最佳的经济效益。按地理区域,一般可将物流市场分为区域物流、跨区域物流、国际物流。

7.服务方式

以服务方式为标准细分物流市场,就是根据客户所需物流服务诸功能的实施和管理的要求不同而加以细分市场。由于客户产生物流需求时对物流诸功能服务的要求会存在很大的不同,而物流功能需求的多和少与物流成本及效益等有很大的关系,因此,物流企业想以最佳的服务奉献给物流市场的客户,就必须以不同的服务方式服务于不同物流需求的客户,以取得最好的社会效益。按服务方式,物流市场可以分为单一方式物流服务和综合方式物流服务。

8.利润回报

按物流企业从市场获取利润的高低可以将物流市场细分为高利润回报市场和低利润回报市场。

以上是对物流市场细分的简单概括,要注意的是,没有绝对固定不变的模式。物流市场还可以从其他角度进行细分,针对不同细分市场,物流企业还可以根据实际情况进一步细分。

(二)物流市场细分的基本方法

1.单因素法

单因素法即只按照一个因素进行细分。例如,按物流速度因素细分物流市场可以分为当日达、隔日达、定日达等。

2.综合因素法

综合因素法(见表3-1)即将影响顾客需求的两种或两种以上的因素综合后进行细分,所涉及因素无先后顺序和重要与否的区别。因为顾客的需求差别常常极为复杂,只有从多方面去分析才能更准确地把握不同顾客群体的特点。

表3-1 综合因素法

内容	地理区域		
	区域物流	跨区域物流	国际物流
物品属性 生产资料	细分市场A	细分市场B	细分市场C
物品属性 生活资料	细分市场D	细分市场E	细分市场F

3.系列因素法

系列因素法(见表3-2)即运用两个或两个以上的因素并且依据一定的顺序逐次细分市场。细分过程是一个比较、选择细分市场的过程,并且后一阶段的细分是在前一阶段选定的物流细分市场中进行的。

表3-2 系列因素法

地理区域	客户行业	物品属性	物流作业
区域物流	农业	生产资料	联合运输
			直达运输
跨区域物流	制造业		中转运输
			甩挂运输
国际物流	服务员	生活资料	集装运输

4.产品-市场方格图法

产品-市场方格图法(见表3-3)即按照物流服务项目和目标顾客群两个因素的不同组合来细分物流市场。针对企业物流的五个环节,即供应链物流、生产物流、销售物流、回收物流及废弃物流,需要对应的物流解决方案,按照国际、国内两个目标顾客群划分,可以划分出10个细分市场。

表 3-3　产品-市场方格图法

	供应链物流解决方案	生产物流解决方案	销售物流解决方案	回收物流解决方案	废弃物流解决方案
国际物流目标顾客群	A1	A2	A3	A4	A5
国内物流目标顾客群	A6	A7	A8	A9	A10

三、物流市场细分的步骤

(一)依据需求选定服务市场范围

物流企业应明确自己在某行业中的服务市场范围,并以此作为制定市场开拓战略的依据。

(二)列举潜在顾客的基本需求

物流企业应对潜在顾客的基本需求进行深入细分,逐项分类列举。在选择细分因素时,既要考虑物流顾客作为一般市场顾客的4个常见因素,又要考虑物流顾客的特殊性。

(三)分析顾客的不同需求

物流企业应对不同的潜在顾客进行抽样调查,并对所列举的需求因素进行评价,了解潜在顾客的共同需求。

(四)移除顾客的共同需求

物流企业应对顾客的共同需求进行移除,以找到顾客的特殊需求。

(五)给各个细分市场命名

一般以顾客需求的特殊性给各个细分市场命名。

(六)进一步分析各个细分市场的特点

继续深挖细分市场的特点,确保各项特征指标可以量化。

(七)测量各个细分市场的规模

物流企业应对准备进入的目标细分市场进行调研,并就市场规模、未来发展情况进行评估与预测。评估指标包括市场增长潜力、市场吸引力(成本和利润)以及企业自身的目标与资源。同时,对细分市场的风险与机会进行综合评估,以选择风险与机会平衡的细分市场。

任务二　物流目标市场选择

【导入案例】

中远物流的目标市场选择

2016年12月28日,"西藏号"首发班列缓缓驶出拉萨西货运站,满载35节车厢、总计70TEU的集装箱货物,历时5天,纵穿西藏、青海、甘肃、陕西、河南、安徽、浙江等地,行驶4 500千米,于2017年1月2日顺利抵达宁波北仑港,成功完成首次运行。在启运仪式上,中远海运集团总经理助理、中远海运物流总经理韩骏与西藏自治区国资委主任余和平、西藏中兴商贸有限公司常务副总经理白珍、青藏铁路公司副总经理徐安策共同推动了班列启动杆。

"西藏号"班列由中远海运物流(中远物流)与西藏中兴商贸共同携手青藏铁路公司、西藏高原天然饮用水有限公司、宁波舟山港等相关单位开通,是中远海运物流与西藏中兴商贸推动双方此前签订的战略合作协议落地的具体举措。作为一座桥梁,"西藏号"班列成功连接了拉萨和宁波,打通了一条新的物流通道。长期以来,受制于远离内地城市集群、高寒缺氧、运距过长等现实问题,西藏与区外的物资交流程度较低。"西藏号"班列首次采用"铁路+集装箱单元化"运输模式,最大化降低了运输成本,在突破交通成本方面迈出了实质性的一步,必将进一步推进沿线物资交流合作,开创货物在西藏乃至中国西部大流通的格局。

中远海运集团历来高度重视同西藏自治区的战略合作,积极履行央企的社会责任和政治责任,15年对口支援西藏建设,为推动当地经济及社会发展,加快实现小康社会和长治久安做出了突出贡献。原中远物流作为西藏铁路项目物流运输服务提供商,在500多个日日夜夜里,安全运送东风4型内燃机车24台、铁路平车和箱式平车178台,以及高原轨道车、矿渣车、路基加固车等共计233台(套),海拔4 500米以上行驶里程超过16.42万多千米,创造了世界屋脊"汽车拉火车"的奇迹,为青藏铁路建设做出了卓越贡献。

中远海运物流将以班列开行为契机,不断深化和西藏自治区在项目物流方面的合作,把"西藏号"班列进一步延伸到尼泊尔和印度等国家,打通南亚通道,开拓"一带一路"市场,为西藏乃至南亚地区的经济发展做出新贡献。

请思考以下问题:

1. 中远物流选择了哪些目标市场?
2. 中远物流的目标顾客有什么特征?

一、物流目标市场选择概述

(一)目标市场选择的含义

目标市场(Market Targeting)就是物流企业为满足现有或潜在顾客需求而选择的细分市场。目标市场是在市场细分和确定企业机会的基础上形成的。企业通过市场细分,发现不同需求的客户群,发现市场上未得到满足的需求。

目标市场是企业市场营销活动中的一个重要概念。首先,由于企业的资源有限,任何企业都不可能满足一种服务的所有市场需求,而只能满足其中一部分客户的需求,为了保持效率,企业必须把这一部分客户找出来,确定为自己的主攻市场即目标市场,并对目标市场采取相应的策略。其次,并非所有的细分市场对本企业都具有吸引力。企业必须根据自身的人、财、物、产、供、销的条件,即根据本企业的市场相对优势选择目标市场。最后,有时各子市场之间会有矛盾,各个目标并非都一致。企业必须从经济效益等因素对细分市场进行综合评价,以决定取舍,避免效率下降和人力、物力、财力等资源的浪费。

(二)物流目标市场选择的标准

1. 细分市场需求规模大

需求规模指细分市场中顾客的多少及顾客购买的物流服务量的大小。如果没有一定的物流需求规模,市场增长率不高,物流企业就不能体现行业优势,该市场也就构不成现实的市场和企业的目标市场。

2. 细分市场发展潜力大

发展潜力指细分市场的增长能力,即物流市场上有尚待满足的需求,有良好的发展前景,来支撑物流企业的稳定发展。物流市场发展潜力也可以用市场潜量来表示。市场潜量等于购买者数量、每个购买者的平均购买量、服务单位的单位价格之乘积。

3. 细分市场有足够的吸引力

吸引力意味着长期盈利能力的大小。物流市场具备了适当规模和潜在增长能力,并不意味着能给企业带来收益,特别是长期盈利。决定物流市场是否具有长期盈利能力的吸引力因素主要有竞争者数量和质量、市场进入门槛和退出障碍、替代服务出现的可能性和数量、客户议价能力强弱。如果细分市场已有很多竞争者,则该市场就缺乏吸引力。

4. 符合物流企业的目标和实力

理想的目标市场还必须结合物流企业的目标和实力来考虑。有些细分市场虽然规模足够、潜力诱人,但如果不符合物流企业自身发展目标,或者企业在人员、资金、装备技术、管理水平上不具备相当的实力,就只能放弃。

二、目标市场选择策略

(一)目标市场的范围选择策略

物流目标市场范围选择可归纳为以下5种情形(P表示产品,M表示市场,⊙表示物流企业进入的领域),如图3-1所示。

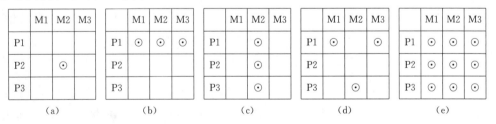

图 3-1 选择目标市场的 5 种策略

(a)产品-市场集中化;(b)产品专业化;(c)市场专业化;(d)选择专业化;(e)全面覆盖

1. 产品-市场集中化策略

物流企业只选择一个细分市场,只提供一种形式的物流服务,供应唯一的顾客群,进行集中营销。这种简单的目标市场进入方式一般适用于小型物流企业或初次进入物流市场的企业。

2. 产品专业化策略

物流企业提供一种形式的物流产品服务，满足各类顾客群的需求。这种模式有利于物流企业摆脱对个别市场的依赖，降低风险；也有利于发挥生产经营技能，在某一产品服务领域树立良好声誉。例如，某配送中心专门从事水产品配送，为超市、酒店、食品加工企业提供配送服务。

3. 市场专业化策略

物流企业向同一顾客群提供不同种类的物流服务。这种模式有助于发展和利用与顾客间的关系，降低交易成本，树立品牌形象。

4. 选择专业化策略

物流企业有选择地进入几个不同的细分市场，为不同的顾客提供各种不同的物流服务产品。这种多元化经营模式，可以较好地分散物流企业的经营风险，即使某个细分市场盈利不佳，也可在其他细分市场取得盈利。这种模式适合有较强资源和营销实力的企业。

5. 全面覆盖策略

物流企业全方位进入各个细分市场，为所有顾客提供他们所需要的不同种类的物流服务产品。这种模式适合实力雄厚的大型物流企业在各个市场上施展拳脚。

（二）目标市场的营销策略

1. 无差异营销策略

无差异营销策略（见图 3-2）就是企业忽略各细分市场之间的差异，把它们看成是一个同质性的大市场，求大同、存小异，谋求共同发展。同时，针对这个市场只提供一种服务、制订一种营销计划，去满足所有客户的需求。

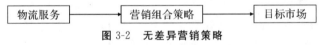

图 3-2 无差异营销策略

采用无差异市场营销的理由是规模效益。这样做可以降低单位经营成本，获得较高的利润。但它难以长期满足客户的多种需求，应变能力较差，由于成本低，高额的利润会导致竞争者加入，风险较大。这种策略适用于那些适应性强、差异小且有广泛需求的物流服务。

2. 差异营销策略

差异营销策略（见图 3-3）是指企业经过市场细分，选择若干细分市场作为自己的目标市场，企业针对不同的细分市场设计不同的营销方案，推出不同的物流服务形式。企业将顾客按照一定的细分标准进行细分并从中选择目标市场，可以有效提高物流服务的针对性，能更好地满足不同顾客群的需求。

图 3-3 差异营销策略

企业采用这种策略往往能比无差异营销策略赢得更大的总销售额,提升企业的综合竞争力并树立良好的企业形象,但相应地也会增加成本,主要增加服务改进成本、管理成本和促销成本。当成本增加的速度超过利润增长的速度时,企业应减少经营的服务,使每种服务适应更多的客户群的需要。该策略适用于实力雄厚的大、中型物流企业。

3. 集中营销策略

集中营销策略(见图3-4)是指企业只选择一个或少数几个细分市场作为自己的目标市场,集中力量搞好物流服务,占领一个或少数几个细分市场的策略。企业可以更深入地了解细分市场的需求,集中力量提供专业化物流服务,在局部市场创造优势。

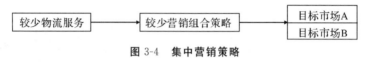

图 3-4　集中营销策略

采用这种策略,企业的营销对象比较集中,有利于在物流服务方面提高专业化程度,提高对客户及其需求的了解程度,在客户中树立良好形象;有利于集中使用资源,节约营销费用,在市场上获取较高的市场占有率,确立企业在市场上的优势地位。但采用该策略,目标市场狭窄,应变能力差,风险较大。该策略适用于资源有限、实力较弱的中、小型物流企业或新进入物流业的物流企业。

4. 一对一营销策略

市场细分的最后一个层次是细分到个人和定制营销,即一对一营销。一对一营销策略是市场细分的最高境界及最精细化策略。物流市场的一对一营销推行的是一对一和量身定制化的物流服务,可以根据顾客的需求做到个性化的服务。物流业作为一个服务行业,追求服务的差异化、个性化是必然趋势,一对一营销能有效提高顾客的满意度和忠诚度。宝供物流公司的发展历程就是最好的典范。世界500强之一的宝洁公司对物流服务非常挑剔,宝供物流能够与其建立长期关系,正是依赖于一对一营销策略的成功运用——宝洁公司的货销往哪里,宝供物流的服务网点就设在哪里。在当前以客户关系为中心的社会,标准化服务虽然成本低、运作快,但已逐渐失去市场。物流企业采用一对一营销策略,有利于物流企业更好地贴近顾客,长久发展。

三、物流目标市场选择的制约因素

(一)企业实力

企业实力是选择目标市场策略的首要因素。物流企业的实力由其运营规模、技术力量、财务能力、经营管理能力等构成。如果物流企业实力较强,有可能占有较大的市场,则可采用差异营销策略、无差异营销策略或一对一营销策略;如果企业实力有限,无力覆盖整个市场,则宜采用集中营销策略。

(二)市场的同质性

要明确目标市场同质性的大小。市场同质性高,表明各细分市场相似度高,目标市场顾客对同一物流服务产品的需求反应大致相同,则宜采用无差异营销策略;反之,如果目标市场顾客的需求偏好、态度、购买行为等差异较大,则宜采用差异营销策略或一对一营销策略。

(三)物流服务产品的同质性

物流服务产品的同质性指的是物流服务在需求者眼里不同物流企业提供物流服务产品的相似程度。相似程度高,则同质性高;反之,同质性则低。同质性高,可采用无差异营销策略;同质性低,可采用差异营销策略或集中营销策略。

(四)物流服务产品所处市场的生命周期

物流企业应根据物流服务产品所处市场的不同阶段(投入期、成长期、成熟期、衰退期)的特点,采用不同的目标市场营销策略。物流服务产品处于投入期,同类服务产品竞争者不多,物流企业可采用无差异营销策略;当服务产品处于成长期或成熟期时,同类物流服务产品增多,竞争激烈,物流企业可采用差异营销策略;当某类服务产品步入衰退期时,为保持市场地位,延长服务产品生命周期,全力对付竞争者,物流企业可考虑采用集中营销策略。

(五)市场竞争情况

物流企业之间选择何种营销策略存在博弈行为,应根据竞争对手的强弱以及采用的营销策略来选择自身营销策略。例如,当强大的竞争对手采用无差异营销策略时,相对弱小的企业可采用差异营销策略、集中营销策略或一对一营销策略。

任务三 物流市场定位

【导入案例】

多元化发展的德邦物流

近年来,伴随经济的增长,我国物流业快速发展,市场规模不断扩大,以我国物流业占比最大的公路货运为例,全国各类公路货运经营主体就超过几十万家。不过,说起这几十万家公路货运企业中的领头羊企业,那就一定少不了德邦物流。

提及德邦物流,就一定会提及其零担业务。定位于"中国性价比最高的重货快递"的德邦物流,一直以来,主打 30~500kg 的零担业务,并在此基础上又细化为精准卡航、精准城运、精准汽运、精准空运、整车运输等多层次业务线,这种差异化经营思路也造就了德邦物流"零担老大"的地位。

然而,如果现在还简单将德邦物流看成是零担货运公司显然是不对的。因为在近年来的发展中,德邦物流早就实现了多元化,已经成长为覆盖快递、快运、整车、仓储与供应链、跨境等多元业务的综合性物流供应商。

2013 年,德邦上线快递业务,仅用一年时间,快递收入即突破 5 亿元大关。2016 年,德邦大力发展跨境业务,为客户提供陆海空多式联运服务,可量身定制运输方案,目前已开通韩国、日本、东南亚、中国台湾等地区线路。经过 4 年的耕耘,德邦在服务品质上得到了客户的认可,走在了行业的前列,2017年6月中国消费者协会在京发布快递服务体验调查报告,德邦快递在十家快递公司中综合排名第二。

2017年6月,德邦又推出了另一重大举措,入股东航集团旗下的东方航空物流有限公司,目前已建成国内最具规模的地面运输网络,业务覆盖快递、快运、整车、仓储与供应链等多元领域。东航拥有庞大的航空网络资源,在航空运输、跨境电商等多个领域都具有领先优势。两者间的合作是"地网"与"天网"的融合,战略上高度协同,业务方面可以优势互补。随着当前市场的变化,物流时效、跨境电商等越来越受到消费者的重视,德邦在国内和跨境航空物流领域必定会有更大的发展空间。德邦物流势必成长为现代化综合物流服务商。

请思考以下问题:

1. 德邦物流的原始定位是什么?新定位是什么?
2. 德邦物流为什么要重新定位?
3. 德邦物流如何实现自己的新定位?

一、物流市场定位概述

(一)物流市场定位的定义

市场定位(Market Positioning)指物流企业根据市场竞争状况和自身资源条件,建立和发展差异化优势,使自身服务及企业在客户心目中形成区别于甚至优于竞争者的独特鲜明的形象,从而更好地抓住顾客。

物流企业在进行市场细分和选择目标市场之后,不管采用何种目标市场营销策略,都必须进一步考虑推出具有何种特色的产品,并且努力使服务产品与营销综合在顾客心目中占据一个与众不同的位置,以体现其独特性。例如,UPS定位于小型包裹的速递专家,Exel和UC-DOS定位于仓储管理。DHL的定位是"成为世界范围邮件通行、包裹快递、物流及财务服务领域中的领头羊"。

市场定位与产品服务差异化有密切关系,市场定位是以产品为出发点,通过为自己的产品服务创立鲜明的个性,进而塑造出独特的市场形象来实现的。市场定位的目的就是要使产品在顾客心中确定一个合适的位置,树立独特的市场形象,赢得顾客的认同。

(二)物流市场定位的原则

物流市场定位的原则一般从服务使用者的类型、顾客得到的利益、使用场合和用途、服务特点四方面考虑。通常,物流企业市场定位应满足以下原则:

1. 明晰性

定位的差异性是其他企业所没有的,或该企业以一种醒目的、明晰的方式提出的。

2. 优越性

定位应有明显的相对优越性。

3.沟通性

定位的差异性是顾客能够理解和感受到的。

4.不易模仿性

定位是与众不同的,是其他竞争对手难以模仿的。

5.可接近性

顾客有能力购买到这种差异性。

6.盈利性

物流企业将通过该差异性获得利益。

以此为基础,物流企业还应该重点体现以下服务特征:

1.以"顾客为中心"的服务精神

2.以"降低顾客经营成本"为根本的物流目标

3.以"双赢策略"为标准的物流服务模式

4.以"服务社会、服务国家"为价值取向的服务宗旨

二、物流市场定位的方法

物流企业推出的各项服务产品,都需要选定其特色和形象。对物流服务产品的市场定位可以应用多种方法,主要有以下几种。

(一)根据物流服务项目特色定位

根据物流服务项目本身的特色来明确它所在市场中的地位,是物流企业市场定位的核心方法。在具体定位时,可以把构成物流服务项目内在特色的许多因素作为定位依据,如质量、价格、特色等。例如,我国香港邮政将企业标志冠以雨燕形象,象征其特快专递的快捷特点。

(二)根据物流服务水平定位

服务水平分为基本服务、标准服务、增值服务3种。按照二八定律,企业将占顾客数目20%却能带来80%利润的那一部分顾客作为重点顾客,并按照重点顾客的服务要求设定服务水平。另外,市场竞争激烈、可替代性强的物流市场可以通过增值服务来稳定客源。例如,一般的运输、仓储等业务,可替代性强,如果只提供基本服务,往往很难将自己与竞争对手区分开来,可以通过提供专享会员、送货上门、分拣包装和产品装配等增值服务来稳定客源,提高客户满意度。

(三)根据物流服务价格定位

物流服务的价格定位中,最重要的是要根据物流服务的过程情况定位,同时兼顾不同地区、不同行业等加以区分,其根本目的在于实现物流行业的整体效益最大化,不能过分地拘泥于某一功能,应最大限度地挖掘市场的有效需求来进行定价。同时,应特别重视对购买者群体目标各种不同需求的心理价位进行研究,推出具有竞争能力的价格定位。一般可以采用高价制胜定位、低价渗透定位、中价求和定位等方法。

(四)根据客户关系类型定位

一般而言,客户关系的类型可以分为普通合作伙伴关系和战略合作伙伴关系。对于两类顾客,分别采用不同的市场定位方式,对服务项目、服务水平、服务价格等各项因素设定不同的内容和档次。

(五)根据竞争者定位

根据竞争者的特色与市场定位,结合自身发展需要,选择最适合自身企业的市场定位,一般可以采用迎头定位、避强定位、重新定位等方式。

市场定位方法多种多样,往往又相互关联,物流企业在进行市场定位时可在综合考虑各方面因素的基础上,将各种定位方法结合起来,综合应用。

三、物流企业定位的步骤

市场定位是一个认知比较的过程,其具体步骤如图3-5所示。

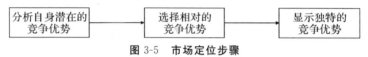

图 3-5 市场定位步骤

(一)分析自身潜在的竞争优势

物流企业分析自身潜在的竞争优势可以通过分析竞争者、分析目标市场、明确自身潜在的竞争优势三个环节来实现。

1. 分析竞争者

通过与目标市场顾客需求的比较、自身经营实力的比较,分析竞争者的优势和劣势。

2. 分析目标市场

分析顾客的需求以及潜在顾客的需求,了解其需求的方向、规模、水平等特点以及目前需求的满足程度。

3. 明确自身潜在的竞争优势

物流企业想要明确自身潜在的竞争优势,就需要弄清楚以下三方面的问题。

(1)目标市场上竞争对手的产品定位如何?

(2)目标市场上顾客的数量足够吗? 他们目前的需求满足程度如何?

(3)自身企业能做什么来满足目标市场的顾客需求?

最后,企业对照竞争对手的竞争能力,结合顾客需求现状,确立自身企业潜在的竞争优势。

(二)选择相对的竞争优势

相对的竞争优势是一个企业能够胜过竞争对手的能力。物流企业一般可以选择的相对竞争优势包括:

1. 技术优势

物流企业的技术优势一般体现在物流装备技术水平、信息化建设水平以及综合管理能力上。

2. 价格优势

价格优势建立在企业规模经营、不断提高经营效率的基础上。价格优势往往取决于企业的发展战略选择，如以低价迅速拓展市场，或以高价快速树立企业形象。

3. 质量优势

如果物流企业的服务质量、服务方式优于竞争对手，则可以有效提高顾客满意度，具有质量优势。

4. 渠道优势

合理畅通的经营渠道在节省业务运作成本的同时，更有利于顾客购买和体验物流服务。

5. 服务优势

服务优势体现在全面性，包括业务合作前期服务、业务实施过程以及售后服务。

（三）显示独特的竞争优势

值得注意的是，选定的竞争优势不会自动地显示出来，物流企业需要进行一系列的宣传活动，将其独特的竞争优势有效地传递给顾客，并在顾客心中留下深刻印象。

1. 建立与市场定位一致的形象

让顾客知道、了解并熟悉企业的市场定位，最终使顾客对市场定位产生认同、喜爱甚至偏爱。

2. 巩固与市场定位一致的形象

不断强化、保持、稳定、加深顾客对企业市场定位的印象。

3. 矫正与市场定位不一致的形象

若顾客对物流企业市场定位的形象在理解上出现偏差。企业需要及时纠正顾客心中不利于企业发展的错误定位，矫正或重新树立正面形象。

四、物流企业定位策略

物流企业定位策略

物流企业市场定位策略介绍

市场定位策略实质上是一种竞争策略，定位方式不同，竞争态势也就不同，一般可以划分为市场领先者定位策略、市场挑战者定位策略、市场跟随者定位策略、市场补缺者定位策略。

（一）市场领先者定位策略

市场领先者是在行业中处于领先地位的企业，其相关服务在市场上的占有率最高。采用领先者定位策略的企业必须具备以下优势：客户对品牌的忠诚度高、营销渠道的建立及高效运行、营销经验的迅速积累等。例如，FedEx的定位是"无所不包，全面发展"。

（二）市场挑战者定位策略

在相同的行业中，当居次位的企业势力很强时，往往以挑战者的姿态出现，攻击市场领导者和其他的竞争者，以获得更大的市场占有率，这就是市场挑战者定位策略，也叫迎头定位策略。企业采取这种定位策略，必须具备以下条件：①该企业要有足够的市场潜量；②该企业具有比竞争对手更丰富的资源和更强的营销能力；③该企业能够向目标市场提供更好的商品和服务。挑战者的挑战目标可以是以下3种：①攻击市场主导者；②攻击与自己实力相当者；③攻击地方性小型企业。

（三）市场跟随者定位策略

跟随者定位策略是指企业跟随市场领导者，模仿领导者的服务项目开发、营销模式的定位策略。但"跟随"并不是被动地单纯地跟随，而是设法将独特的利益带给它的目标市场，必须保持低成本和高服务水平。企业采用这种策略，必须具备以下条件：目标市场还有很大的需求潜力；目标市场未被竞争者完全垄断；企业具备挤入市场的条件以及和竞争对手"平分秋色"的营销能力。其中包括以下三种常见方式。

(1) 紧密跟随：指企业在各个细分市场和营销组合方面，尽可能模仿主导者，不与主导者发生直接冲突。

(2) 距离跟随：指跟随者在主要方面如目标市场、产品创新、价格水平和分销渠道等方面追随主导者，但仍与主导者保持若干差异。

(3) 选择跟随：指企业在某些方面紧跟主导者，在另外一些方面又发挥自己的独创性。

（四）市场补缺者定位策略

市场补缺者定位策略是指物流企业专注于市场上被大企业忽略的某些细小部分，在这些小市场上通过专业化经营来获取最大限度的收益，在大企业的夹缝中生存和发展的定位策略。采用这种策略的企业主要战略是专业化市场营销，就是在市场、客户、渠道等方面实行专业化。在选择补缺基点时，通常选择两个或两个以上的补缺基点，以减少市场风险。采用这种市场定位策略，必须具备以下条件：本企业有满足这个市场所需要的产品；该市场有足够数量的潜在购买者；企业具有进入该市场的特殊条件和技能；经营必须赢利。

【项目小结】

市场细分是将由不同性质市场组成的整体市场划分成若干个具有某种相似特征的子市场的过程。物流市场可以按照顾客所在的行业、顾客规模的大小、顾客追求的利益、顾客使用的频率等多种因素综合细分。

物流企业在选择目标市场时，应综合考虑市场规模、发展潜力、市场吸引力以及企业自身的目标和实力等因素。物流企业可以选择的目标市场营销策略主要有无差异营销策略、差异营销策略、集中营销策略和一对一营销策略。

市场定位的实质是建立和发展差异化竞争优势,使物流企业及其服务产品在目标顾客心中占据独特的位置并树立鲜明的形象。物流企业应结合自身条件,在充分分析市场的前提下,选择合适的定位方法,并实施有效的定位策略。

本项目从市场细分到选择目标市场活动必要的程序设计了各环节操作的专门知识,为后面物流企业营销整体战略规划奠定了良好的基础。

【思考与练习】

一、选择题

1. 下列不属于物流市场细分标准的是( )。
   A. 顾客性质　　　B. 顾客规模　　　C. 地理位置　　　D. 购买行为
2. 对于资源有限的中、小物流企业或初次进入新市场的大企业,一般采用( )营销策略。
   A. 无差异　　　B. 差异　　　C. 大量　　　D. 集中
3. 同质性较高的服务产品,应采用( )。
   A. 产品专业化　　　　　　　B. 市场专业化
   C. 无差异营销策略　　　　　D. 差异营销策略
4. 物流企业采用无差异营销策略最大的优点是( )。
   A. 适应市场的能力强　　　　B. 能快速提高市场占有率
   C. 成本低　　　　　　　　　D. 满足顾客需求的程度高
5. 物流市场定位的目的是( )。
   A. 明确企业经营方向　　　　B. 研究物流市场动态
   C. 明确企业目标顾客　　　　D. 彰显企业服务品质
6. 选择目标市场与细分市场的关系是( )。
   A. 市场细分是目的
   B. 市场细分是选择目标市场的基础
   C. 先选择目标市场,再进行市场细分
   D. 目标市场选择与市场细分同步进行
7. 下列哪项不是市场细分的原则( )。
   A. 可衡量性　　　B. 可进入性　　　C. 效益性　　　D. 可对比性
8. 市场定位策略的实质是( )在细分市场中的位置,从而确定企业在市场上合适的位置。
   A. 塑造一家企业　　　　　　B. 塑造一种品牌
   C. 明确目标市场　　　　　　D. 分析竞争对手
9. 同一细分市场的顾客需求具有( )。
   A. 绝对的共同性　　　　　　B. 较多的共同性
   C. 较少的共同性　　　　　　D. 较多的差异性

10. 物流目标市场选择策略中通过多元经营有效地分散经营风险的是(　　)。
   A. 一对一市场营销策略　　　　　B. 全面覆盖市场策略
   C. 市场专业化策略　　　　　　　D. 选择专业化策略

二、简答题

1. 什么是物流市场细分？
2. 目标市场营销策略有哪些？区别是什么？
3. 物流市场细分有什么标准？
4. 简述物流企业市场定位的步骤？
5. 物流企业定位策略？

【实训设计】

市场细分实战模拟

实训过程：将学生分组，教师规定每组学生所属的市场范围，且不同的组细分不同的市场。要求学生对自己组细分出的细分市场进行数据支持，即从各种渠道获取详细、可靠的市场资料，并统计资料来说明细分标准(资料收集以二手资料为主)。各组相互交流和讨论，共同分享，相互学习。

讨论问题：根据每小组最后确定的细分市场，假设一个物流企业计划在上述市场中占有一席之地，试从市场细分、目标市场选择、市场定位的角度给该企业以合理化建议。

项目四　物流产品策略

【知识目标】

1. 理解物流服务产品的概念及特性、产品生命周期理论、新产品开发过程。
2. 熟悉物流服务产品综合策略、品牌策略、包装策略。
3. 掌握产品生命周期各个阶段的特点。

【技能目标】

能够合理制定产品策略,并根据产品生命周期的不同阶段设计营销方案。

【导入案例】

顺丰＋谢裕大:古老茶叶的互新思路

谢裕大茶文化博物馆是由谢裕大茶叶股份有限公司(以下简称"谢裕大")建立的,建筑面积7 000平方米,集旅游、文化展览、销售、科研于一体。而在博物馆内设立的顺丰营业站,将为旅客提供电子化、信息化一站式的寄递服务。第十二届中国茶业经济年会暨2016黄山茶会于2016年10月25日在安徽黄山隆重举行。当日下午,参会领导、企业代表、行业专家参观了谢裕大茶文化博物馆,并对顺丰与谢裕大合作建设的新型合作点以及这种新式跨界合作模式给予了高度肯定。茶行业是典型的传统农商行业,在传统行业纷纷深入接触互联网经济的趋势下,受茶叶本身"品类繁多,难以鉴别""价格偏高,易碎易潮"等属性限制,茶行业依然保持着"线下门店"的营销模式,线上销售渠道开拓进程缓慢。谢裕大也不例外,多年来一直仅专注茶叶生产和品质保障,在营销推广上主要依托线下实体店。

为促进谢裕大茶产品走向更广阔的市场,针对谢裕大茶产品"老客户复购率较高,但面向年轻人的购买渠道狭窄与推荐力度相对薄弱"等问题,顺丰从线上销售渠道切入,特别是通过社会化媒体以及自媒体渠道加大营销力度,如充分利用顺丰微信、APP等移动端对谢裕大茶产品进行推介。据了解,在2016年3月9日,顺丰"茶行业解决方案发布会"当天,仅通过顺丰速运微信服务号推介谢裕大茶产品,数小时成交额就突破20万元。顺丰速运皖南地区负责人马家彬介绍道:"顺丰作为国内优质的物流快递企业,各项服务综合排名前列,在中、青年人群中有很高的口碑和影响力。通过线上销售渠道切入、线下网点推荐以及全员销售等多渠道推广,提高谢裕大茶产品在顺丰客户群中的知名度,并针对顺丰渠道特性从谢裕大产品线中挑选合适的茶产品,集中优势迅速起量。同时,在各种节假日期间,顺丰再联合谢裕大搞促销活动,推出各种节假日定制礼盒等,打入年轻人市场。此外,除在顺丰现有的平台推荐销售外,还利用顺丰资源推荐其他的平台给谢裕大。"

"顺丰是我们信任的合作伙伴,我希望我们谢裕大与顺丰的合作越来越紧密,不仅仅局限于现有的商业以及物流合作,也不局限于黄山地区,我希望以后我们与顺丰在全国、在电子商务平台、在品牌推广都有更深层的合作,彼此紧密相连,互利共赢。"谢裕大董事长谢一平说道。在今年春茶上市前夕,顺丰特别推出基于现代物流服务体系的《茶行业解决方案》,提出了"4＋1"服务模式:从成本优化、时效提升、安全保障、专项服务四方面,以及"合作·共赢",为谢裕大提供定制化的服务方案。如,在寄件环节,顺丰推出电子化、信息化一站式寄递服务。顾客在购买完谢裕大产品后,扫描二维码关注顺丰速运服务号或下载顺丰APP,自助下单并在自助打印设备上打印电子运单,顺丰工作人员通过扫描谢裕大产品编码,打印货单,自动核算重量以及运费,然后将电子运单以及货单放入快递箱中,实现一站式寄递。另外,在包装上,顺丰推出"无胶带"定制化包装纸箱,茶叶可以免填充物料直接放进包装箱中,免去了各种打包环节,在环保、节省成本的同时也让收件人享受到极致的服务体验。

请思考以下问题:
1.顺丰和谢裕大的合作模式主要有什么亮点?
2.顺丰针对茶产品,在包装上进行了哪些创新?
3.为了赢得年轻人市场,顺丰做了哪些工作?

任务一　物流产品组合策略

物流产品策略是定价策略、渠道策略和促销策略的基础,对其制定和实施有着直接的影响。在当今社会,任何物流企业的生产经营活动都是围绕物流产品及服务进行的。也就是说,企业制定营销策略时,首先必须明确提供什么样的产品及服务去满足消费者的需求。

一、物流产品概念及特性

(一)产品的整体概念

物流业隶属于第三产业,物流产品与其他类型企业的产品有所不同。物流产品是指物流企业利用自身资源,并整合社会资源,为顾客提供快捷的物流服务。其本质是以系统化的理念将运输、仓储、包装等物流的基本环节加以整合,一体化运作,提高运作效率,从而降低物流服务的总成本。物流产品其实就等同于物流服务,与有形的商品相比,服务是无形的,二者的区别见表4-1。研究物流产品策略,首先就必须对整个服务和有形商品的区别做出合理的判断。

表 4-1　服务与有形商品的区别

商品	有形性	标准化	生产与消费分离	可储存性
服务	无形性	异质性	生产与消费同步	易逝性

现代市场营销理论研究产品,是从整体产品的角度分析,将产品的整体结构分为核心产

品、有形产品和附加产品3个层次。

1. 核心产品

核心产品是指顾客购买产品（服务）时真正追求、最终需要的基本效用和利益，是产品整体概念中最基本也是最主要的部分。顾客购买某种产品并不是为了拥有该产品本身，而是为了获得满足某种需要的效用或利益。现代营销学的奠基人之一西奥多·莱维特曾指出："消费者并不是要买1/4英寸的钻头，而是要买1/4英寸的钻孔。"营销人员必须找到每一种产品给顾客带来的核心利益，而不是各种外部特征。比如顾客到快递站快递信函，表面上所谈是快递业务，其实顾客真正的要求是安全且快捷，至于怎么送、花多少钱都是表面问题。

2. 有形产品

有形产品是核心产品借以实现的形式，及向市场提供的实体或服务的形象。如果有形产品是实物，则通常表现为产品外观、造型、颜色、品种、质量、样式等。如果有形产品是无形的服务，则表现为服务设施和设备、服务过程、服务质量、服务标准等。营销人员应以核心产品为出发点，尽可能满足顾客的需求，再去进行有形产品设计。

3. 附加产品

附加产品是顾客购买产品后所获得的全部附加服务和利益，包括免费送货、安装服务、售后服务等。附加产品源于对顾客需求的综合性和多层次性的深入研究，要求营销人员必须正视顾客的整体消费提议，同时注意附加产品以及增加的成本能否被顾客接受。西奥多·莱维特曾指出："新时代的竞争不是体现在各个公司生产什么样的产品，而是体现在能提供何种附加利益上。"例如包装、服务、广告、顾客咨询、送货、融资、仓储等产品本身之外的其他有价值的形式。再如物流服务中的附加产品表现为网络下单、手机下单、物流信息查询、免费送货、技术培训等。

（二）物流产品的含义与特征

服务是将人力或机械应用于人或物体的结果。物流企业提供的产品不单单是实体性的产品，更是多样化的服务，是物流需求与物流服务过程的集合。物流服务几乎涉及物品的通关、商检、采购、运输、保管、存货控制、配送、包装、装卸、流通加工及其相关物流信息。

物流企业的核心产品一般是指为顾客提供符合其需求的位移效用、储存场所和利益。邮箱产品一般是指为顾客提供运输服务的车辆、船舶、飞机等载具类型及型号、基础设施布局和环境等状况。附加产品一般是指提供信息、财务、金融、培训等服务。与其他服务产品类似，物流产品也具有不可感知性、不可分离性、差异性、不可储存性、缺乏所有权转移等特性。

二、物流服务产品组合策略

（一）产品组合的概念

物流产品组合是指一个物流企业经营的全部物流服务线、物流服务项目的组合。物流服务线指物流企业提供的每一类物流服务，每条物流服务线下的每一个具体的物流服务就是物流服务项目。如中原物流对外提供的物流服务中，有仓库物流管理、物流系统方案设计、物流业务咨询等服务。其中仓库物流管理,这条物流服务线包含仓储、配送、库存、运输、增值服务等物流项目。

产品组合有一定的宽度、长度、深度和关联度。物流产品组合的宽度即物流企业拥有多少不同的物流服务线,公司用的物流服务线越多,物流服务组合就越宽。物流产品组合的长度即物流企业所有物流服务线上服务项目的总数,总数越多,物流产品组合长度就越长。物流产品组合的深度即物流企业每条物流线上的服务项目数,物流服务线中包含的服务项目越多,物流服务组合就越深。物流组合的关联度即每一条物流服务线之间在最终用途、服务条件、分销渠道或其他方面相关联的程度,相关联的程度越密切,说明物流企业各条服务线之间的关联度就越高。图4-1描述了产品组合中的长度与宽度。

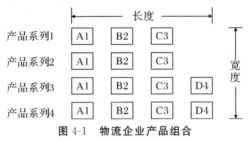

图4-1 物流企业产品组合

(二)产品组合策略

物流企业可以根据市场竞争情况、自身实力、经营目标等因素,对物流产品组合的宽度、长度、深度和关联度进行优化,形成不同的动态性产品组合策略,一般有以下4种策略。

1.扩大产品组合策略

扩大产品组合策略是指开拓产品组合的宽度和加强产品组合的深度,进而增加产品组合的长度。其中,开拓产品组合的宽度是指增添一条或几条产品线,扩展业务范围;加强产品组合的深度是指在原有的产品线内增加新的产品项目;这两方面任意一方面的增加,都意味着产品组合长度的增加。对物流企业而言,如增加与原产品线相似的运营线路、增加仓储、增加更多的停靠点等。

扩大产品组合策略的优点是:满足不同消费者的各种偏好,提高产品的市场占有率;充分利用企业信誉和商标知名度,完善产品系列,扩大经营规模;充分利用企业资源和剩余生产能力,提高经济效益;削弱市场需求变动的影响,降低风险,减小损失。

2.缩减产品组合策略

缩减产品组合策略即削减产品线或产品项目,特别是要取消那些获利相对小的产品,以便集中力量经营获利相对大的产品项目。缩减产品组合的方式有减少产品线数目,实现专业化经营;保留原产品线,削减产品项目;彻底停止经营某类产品项目。对于物流企业而言,如将两条或若干条运营线路合并,减少亏损的运营线路、码头、仓储、堆场等,在同一运营线内减少停靠点等。

缩减产品组合策略的优点是:集中资源和技术力量,改进保留产品的品质,提高产品商标的知名度;生产经营专业化,提高生产效率,降低生产成本;减少资金占用,加速资金周转;有利于企业向市场的纵深发展,寻求合适的目标市场。

3. 高档产品策略

高档产品策略就是在原有的产品线内增加高档次、高价格的产品项目。采用这一策略的物流企业要承担一定程度的风险。这是因为,企业惯以经营廉价产品的形象在顾客心目中不可能立刻改变。实行这种高档产品策略有助于提高企业现有服务的声望和企业的市场地位,也更容易为企业带来丰厚利润,并带动企业经营管理水平的提高。

4. 低档产品策略

低档产品策略是在原有产品线中增加低档次、低价格的产品项目。与高档产品策略一样,低档产品策略的实施能够为企业寻求新的市场机会,同时也会带来一定的风险。如果处理不当,可能会影响企业原有产品的市场声誉和名牌产品的市场形象。另外,这一策略的实施需要一套营销系统和促销手段与之配合,这样势必会加大企业营销成本。

任务二　物流产品品牌策略

【导入案例】

搭乘互联网快车,韵达快运让客户更信赖

从古代的驿站,到现在的邮路、物流、快递等,我们透过时代的天空,看到的是不同时空下人们传递信息、运送货物的不同方式。我们感受到了时代的变化特别是客户的需求促进行业的变革,为企业带来了机遇。我们也深刻地感受到技术的革新让今天的物流变得更加智慧、高效。

基于客户持续增长的需求以及技术进步带来的机遇和力量,韵达快运依托韵达近二十年来在快递领域形成的信息化优势、设备智能化优势、网络平台化优势、干线运能优势以及客户的信赖,利用先进的科技信息系统、专业的人力资源队伍、领先的运营调度体系,贯彻落实"品牌一体,全网一体,服务一体"的运营方针,上下协同,致力于为客户提供个性化、多样化的快运服务。

韵达快运以"让物流更便捷、更高效、更智慧"为使命,坚持"平台思维,共建共享"的经营理念,致力于"成为最受尊敬的物流行业专家,不断超越",构建领先、规范、高效、协同的国内一流快运网络品牌。

在当今互联网时代特别是移动互联网时代,"从网上买"已成为人们工作、生活的必需。得益于中国电商的蓬勃发展,网上购物方兴未艾,为快递行业带来了机遇,特别是小件包裹,体积小、搬运方便、派送快捷,成为推动中国快递业发展的"生力军"。但是,随着人们消费方式的改变,体积更大、质量更重的货物也能从网上购买了,这也意味着"大件时代"来了。

重视客户的一切需求,视客户的一切需求为企业存在和发展的出发点,韵达快运正是瞄准了这一点,以市场为导向,以服务品质为抓手,不断加强规范化、标准化建设,立志打造快运精

品,通过不懈的努力满足客户的需求,回报客户的信赖,为客户提供"一站式"解决方案和"全链路"快运服务。

与此同时,韵达快运将兼顾市场普遍化需求和客户个性化需要,建立以客户为中心、中高端相结合的产品体系,涵盖普通产品和增值服务产品,实现差异化发展。通过集中运输等新型运输方式,提高货物的装载率、发货率,减少装卸环节,在保证运输质量和全程时效的同时,倡导并努力践行环保绿色发展理念,持续优化服务流程,提高服务效率。

此外,韵达积极响应"大众创业,万众创新"的号召,通过平台化运营和合伙人机制,建立了可持续发展的网络运营体制和持续创新发展的市场服务机制,为更多的有志于快运事业的人士提供广阔的发展平台。当然,在未来的发展中,韵达将把信息化、智能化、自动化放在核心位置,通过技术革新提高货物的全程运行效率,让货物运行更安全、更高效,让客户更便利、更满意,也让客户更信赖韵达快运提供的服务。

请思考以下问题:
结合案例,讨论你对韵达快运的品牌感受。

品牌策略是物流企业整个产品战略中的一个重要方面,企业通过给具体产品及服务设计恰当的名字、品牌形象、注册商标等行为,以期充分增加产品价值,综合提升市场表现。

一、品牌的概念与意义

(一)品牌与商标

你对品牌真的了解吗?

品牌是一个名词、标记、符号、图案乃至这些因素的集合,其目的是用以识别某个企业的产品或服务,并使之同竞争对手的产品或服务区别开来。品牌由品牌名称和品牌标识组成,这是品牌的最基本要素。品牌名称即品牌可以读出声的那部分,例如顺丰快递。品牌标识是品牌的可识别但读不出声音的部分,像一个符号、一种别致的颜色或字母字样等形式。商标是品牌中受到法律保护的那一部分,商标可以保证企业对品牌名称和品牌标识享有独家使用权以及相关法律权利。

(二)品牌的内涵

一个具有丰富文化内涵的品牌才具有持久的生命力。品牌文化包括两类要素,一类是展现在顾客面前,看得见、摸得着的表层要素,如品牌名称、品牌标识等;另一类是在品牌表层要素中蕴含的该品牌独特的内在要素,如品牌的利益认知、情感属性、文化传统和个性形象等。一般来说,品牌具有以下内涵属性,见表4-2。

表 4-2 品牌内涵

属性	品牌带给人们某些特定的属性
利益	品牌反映消费者的利益,包括功能性利益或情感型利益
价值	品牌反映了企业的价值观
文化	品牌代表了一定的文化内涵
个性	品牌具有一定的个性
用户	品牌可以反映出消费者的形象

(三)品牌效应

品牌效应就是指物流企业创造的品牌所产生的经济或社会等方面的影响。从社会角度讲,品牌可以提高国家在世界范围内的声誉,增强人民的民族自信心和自豪感。从经济角度讲,品牌效应是其因满足社会需要而获得的经济效益,是品牌的信誉、声望产生的影响力。品牌效应有磁场效应、扩散效应、聚合效应。磁场效应指的是吸引顾客。扩散效应指的是品牌在市场上的迁移现象,如以提高市场占有率为目标的同一市场内的扩散效应,从国内市场到国际市场不同市场间的扩散效应。聚合效应指的是吸引其他企业共同发展。

二、品牌策略

品牌策略是指企业有关品牌的一切决定和策略,主要包括品牌化决策、品牌归属决策、品牌质量决策、家族品牌决策、品牌拓展决策、多品牌决策和品牌重新定位决策。

(一)品牌化决策

品牌化决策即企业是否要给产品设计品牌,涉及使用或不使用品牌以及品牌是否注册为商标这样两个基本方面。

(二)品牌归属决策

品牌归属决策就是品牌归谁所有,由谁负责。对于实体性产品来说,生产者有 3 种选择:①制造商品牌;②中间商品牌(即生产者把产品卖给中间商,中间商用自己的品牌上市);③混合品牌(上述两种品牌并存)。物流企业绝大多数使用自己的品牌。

(三)品牌质量决策

品牌质量决策就是决定品牌的质量水平和其他特点,以确定品牌在市场上的地位,包括:
(1)决定品牌的最初质量水平。企业根据自身实力以及市场情况,决定品牌的质量水平,如低质量、一般质量、中等质量、上乘质量等。
(2)管理品牌质量。随着时间的推移以及市场的变动,企业要明确品牌质量管理方向,与时俱进,顺应市场发展。如提高品牌质量、稳定品牌质量、逐步降低品牌质量或撤销品牌。

(四)家族品牌决策

企业将自己企业名称以及全部产品或服务都使用统一的品牌。通过不断地推出新产品,扩充品牌队伍,最终形成家族品牌决策。一般家族品牌决策有以下四种方式:统一品牌名称、个别单品品牌、各大类产品品牌、企业名称与品牌名称相同。

(五) 品牌拓展决策

品牌拓展决策是指企业利用已成功的品牌来推出新产品或改良产品,以达到快速打入市场的目的。企业采用这种策略可以有效地减少品牌设计的宣传费用。

(六) 多品牌决策

多品牌决策是指企业根据目标市场以及消费者需求的不同,为各个市场设计多个品牌。同时,可以在某目标市场一并设立多个相互竞争的品牌。

(七) 品牌重新定位决策

品牌重新定位决策是指随着时间的推移或者市场需求的变化,物流企业原有的品牌定位或企业形象不再合适,需要在消费者心中树立新的形象,进行重新定位。

任务三 物流产品包装策略

【导入案例】

物流包装的改革方向:缠绕包装

"包装现代化,装卸机械化,运输集装化,仓储货架化,管理信息化"是实施运输包装改革、促进物流产业发展的基本原则与内容。

缠绕包装技术是近年来在运输包装领域出现的一种现代化的新技术,是推进集装化运输和物流产业化的基础。该技术是20世纪90年代在国际上发展起来的一项新技术。它采用特定配方与工艺技术制成的缠绕拉伸薄膜,通过应用先进电子技术和精湛的机械制造工艺制成的缠绕包装机,将各种外形规则或不规则的产品包裹成一个整体,使货物能受到保护,防止擦伤、碰伤、破损、散失,减少因包装不善带来的经济损失。缠绕包装技术具有防晒、防水、防潮、防盗、保持货物(产品)清洁的作用,有效地保证货物(产品)在运输和仓储过程中不改变物理、化学性能,不降低使用价值。缠绕包装技术的应用不仅能够改变产品原始落后的包装,而且能提高单元载荷率,提高装卸、运输作业效率;保证装卸人员、运输工具的安全,是发展集装化运输和物流产业的基础。缠绕包装技术可使货物(产品)包装更美观,提高产品档次,特别是适应我国加入世界贸易组织后与国际产品包装接轨的需要,促进产品出口,提高产品在市场上的竞争力。缠绕包装技术还可以大大降低货物(产品)的包装费用,提高工业企业和物流企业的经济效益,这也是缠绕包装技术能够快速发展的关键所在。

缠绕包装技术带来的经济效益十分可观。例如,一个年产5万吨的中型造纸厂,从使用牛皮纸包装改变成缠绕包装后,其包装费用由原来的35~50元/吨降低到11~15元/吨,年可降低包装费用120万元左右;连同缠绕包装带来的防潮作用而杜绝了纸张性能改变的损失以及减少向客户进行赔偿在内,年可增加经济效益400万元左右。再如,一个年产2 000吨地毯丝的化纤地毯厂,4个纱锭为1个单元,原来用纸箱包装,改为缠绕包装后,单件包装费只需0.46元/单元,只是原纸箱包装费用的1/20,年可节省包装费用40万元。一个生产卫生洁具——坐便器的中外合资企业,由原单个木箱包装改为12个产品为一个单元的托盘缠绕包装后,单元包装费用从原来的 660 元降至 45~85 元(裹包 3 层,单元耗膜费用仅为 4 元左右)。一个年产 1 万吨的小型耐火材料企业,从原来的塑料袋、纤维板(三合板)、铁护角、钢带包装改为缠绕包装后,单元包装费用从原来的 150~180 元降至 40 元(裹包 3 层,单元耗膜费用仅为 4 元左右),年节省包装费 110 万元。一个生产碳素的外资企业,产品用木箱包装,包装费为 800 元左右,改用托盘缠绕包装后,花费缠绕膜费用仅为 10~11 元(裹包 10 层)。因此,应当大力发展与推广缠绕包装技术。

请思考以下问题:

1. 缠绕包装的优点是什么?
2. 讨论缠绕包装在我国的发展前景。

合理的包装直接影响到消费者的购买欲望。在现代市场环境下,有形的产品和无形的服务都需要进行适当的包装,包装是产品策略中的一个重要环节。

一、产品包装的概念

包装指在产品流通过程中,为保护产品、方便储运、促进销售,依据不同情况、按照一定技术方法而采用的容器、材料和辅助物料等的操作总称。企业需要科学的包装决策。一般而言,包装越省,越利于降低成本。但是,如果包装过省而降低了对商品的保护、储运、销售等功能,便会降低企业利润。适度、美观、经济的包装是当今市场主流发展趋势。对于物流企业而言,合理有效的包装策略势必能够带来巨大的收益以及附加价值。

二、产品包装的功能及分类

包装通常具备两种功能——自然功能和社会功能。自然功能即物质功能或实用功能,主要表现为保护功能、便利功能、运输功能。社会功能即精神功能或审美功能,主要表现为促销功能、引导功能、体现文化品位功能以及创造附加价值功能。就物流企业而言,良好的物流产品包装能够有效吸引顾客的注意力,增强消费者对于物流服务产品的信心,从而激发其购买产品或享用服务的欲望。

包装可以从不同角度进行分类,见表 4-3。

表 4-3 包装的分类

分类标准	分类内容
包装功能	集合包装、周转包装、运输包装、销售包装、礼品包装
包装层次	内包装、中包装、外包装
包装容器的软硬程度	硬包装、半硬包装、软包装
包装使用范围	专用包装、通用包装
包装使用的次数	一次用包装、多次用包装、周转包装
包装技术方法	防震包装、防湿包装、防锈包装、防霉包装
产品种类	食品包装、药品包装、机电产品包装、危险品包装
产品经营方式	内销产品包装、出口产品包装、特殊产品包装
包装材料	纸制品包装、塑料制品包装、金属包装、竹木包装、玻璃容器包装、复合材料包装

三、包装的设计原则

包装的设计原则有：①图像生动形象，尽量采用新材料、新图案、新形状以引人注意；②包装应与产品服务的价值或质量相匹配；③包装应能显示产品的特点和风格；④包装的造型和结构应考虑产品的运输、使用、保管和销售环节；⑤包装上的文字应能增加顾客的好感以及信任感，并突出重点；⑥包装应符合顾客的心理需求，切勿与民族习惯、宗教信仰抵触。

物流企业的包装不仅仅是产品意义上的包装，还需要通过对服务人员的服饰设计、服务场所和交通工具的美化设计、品牌和标识的美化设计、物流服务项目本身的推广宣传，来达到促销的效果。服务产品包装能吸引注意力，说明服务的特色，增强顾客信心，形成一个有利的总体印象。顾客愿意为良好包装所带来的外观、形象、声誉等多付钱已经成为了不争的事实。

四、物流产品包装策略

合理的包装与有效的策略相结合才能发挥更好的效果，物流企业的包装策略主要有以下几种。

（一）统一包装策略

物流企业针对自身的产品相关要素（包括基础设施、运输工具、人员着装、办公用品、广告宣传等）采用统一的设计，使顾客一目了然地认识到这是哪个公司的物流服务。运用这种策略可以有效地提升物流服务形象，扩大物流企业声誉。

（二）分级包装策略

物流企业根据不同质量或等级的产品与服务分别使用不同的包装和宣传。如高档产品，配合高档精致的包装，并大力推广和宣传产品的档次与质量；中、低档产品，简化包装，同时减少推广成本。

（三）类似包装策略

物流企业对物流产品采用相同的图案、近似的色彩、相同的包装材料和相同的造型进行包装，给顾客带来一致的视觉刺激，便于顾客识别出本物流企业的产品。对于忠实于本物流企业的顾客，类似包装具有促销的作用，还可以为物流企业节省包装的设计、制作费用。类似包装策略只适宜于类似的产品，对于品种差异大、质量水平悬殊的产品则不宜采用。

（四）配套包装策略

按照不同消费者的消费习惯，将有关联的物流产品组合打包、配套供应，便于消费者购买。这种策略有利于企业扩大物流产品项目的销售，也有利于推广新产品项目。

（五）附赠品包装策略

在物流产品包装物中附赠奖券或实物，或物流产品包装本身可以换取礼品，这样可以吸引消费者的购买兴趣以及重复购买的欲望。运用该策略时，应在充分考虑成本的基础上，注意赠品与产品本身相匹配，避免因为赠品过于廉价而拉低了产品本身的价值。

(六)重新包装策略

由于物流产品包装技术、包装材料的不断更新,消费者的偏好不断变化,所以有时需要改变或放弃原有的物流产品包装,改用新的物流产品包装,以弥补原物流产品包装的不足。物流企业在改变其产品包装的同时必须配合相应的宣传工作,以避免引起消费者的误解。

(七)再使用包装策略

物流产品包装使用一次之后,包装物还可以有其他的用途。这种包装策略可使消费者感到一物多用而引起其购买欲望,而且包装物的重复使用也起到了对物流产品的广告宣传作用。运用该策略时,应注意避免因成本加大导致商品价格过高而影响产品的销售。

任务四 物流产品生命周期策略

产品生命周期是一个很重要的概念,它和企业制定产品策略以及营销策略有着直接的联系。管理者要想使其物流产品有一个较长的销售周期,以便赚取足够的利润来补偿在推出该产品时所做出的一切努力和承担的一切风险,就必须认真研究和运用产品的生命周期理论。

一、产品生命周期的概念

产品生命周期(Product Life Cycle,PLC)是指产品通过市场开发,从投入市场经营到最后被市场淘汰为止的全部过程。值得注意的是,产品生命周期指的是产品的市场寿命,而并非自然寿命。

推出新产品之后,物流企业希望其产品能够经历一个长期的、可获得利润的生命过程。尽管期望物流产品长盛不衰是不现实的,但是物流企业期望获取利润的阶段能够尽量延长,从而获得尽可能多的利润,用以弥补对该物流产品的各种投入和风险损失。因此,物流企业的经营策略需要反复调整,物流产品生命周期一般有以下 4 个阶段:投入期、成长期、成熟期、衰退期,如图 4-2 所示。

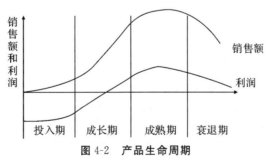

图 4-2 产品生命周期

投入期指产品进入市场后营业额缓慢增长的时期,由于产品初期投入费用高昂,此时还没有利润或利润微薄。成长期是产品迅速被市场所接受并产生越来越多利润的时期。成熟期是营业额增长趋于缓慢的时期。在此时期,产品已基本被大多数消费者接受,且涌入大量的竞争者。为了在竞争中保护自己的产品,营销费用增加,利润增长缓慢甚至开始下降。衰退期是营业额迅速减少、利润跌落的时期。物流产品生命周期各个阶段的特征见表 4-4。

表 4-4　物流产品生命周期各个阶段的特征

	投入期	成长期	成熟期	衰退期
竞争程度	基本没有	很少	很高	较少
成本	很高	中等	中高	低
利润	较少	高	中高	低
管理风格	重视远景	重视策略	重视经营	重视成本

产品生命周期的概念并不能告诉企业一个产品的生命周期及在每个阶段的停留时间有多长,它也不能指明产品战略,它只是帮助企业预测未来事件的一个工具,并建议他们采用适当的营销战略。随着社会分工的深化、市场需求的日益复杂,企业生产经营活动对物流技术和物流管理要求也越来越高。传统的物流企业所提供的局限于仓库存货代理、运输代理、托运代办、通关代理等局部业务,已越来越不能适应当下顾客复杂多变的需求,这一类产品收获的利润就越来越少。物流企业必须对自己的业务进行重新整合创新,尽量不断延长产品生命周期。

二、产品生命周期不同阶段的营销策略

(一)投入期

投入期开始于新产品首次进入市场。产品投入需要时间,营业额增长往往比较缓慢。有些产品在进入快速增长阶段之前可能会在投入期徘徊数年。在投入期,为了让顾客更快地了解产品并诱发其购买兴趣,促销、分销、宣传费用往往也很高。因此,产品在投入期企业利润会很低,甚至是亏本。

在投入期,竞争者往往很少。企业可以集中力量向那些愿意购买的顾客进行推销。由于产出水平低、服务水平高以及很高的促销费用,产品价格往往较高。在产品还不为公众所熟悉的情况下,物流企业可以采用以下营销策略:迅速建立完善的揽活网络和物流集散体系;完善各种装备技术和信息技术,保证物流服务的正常运转;建立完善的售前、售中、售后服务体系,树立良好的企业信誉;加大宣传力度,着重介绍产品特色。

(二)成长期

新产品如果能满足市场需求,便会进入成长期,营业额会迅速攀升。受利润的诱惑,竞争者也开始进入市场。竞争者的增加使营业网点数量增加,整个市场的营业额骤然攀升。此时,价格水平可能保持不变或略有下降,公司促销的费用水平维持不变或略有升高,以适应竞争的需要,并继续培养市场。由于产品增加、单位成本下降,并借助更有效的运行机制,公司的管理费用也趋于稳定,利润会继续增长。企业可以通过以下几种策略来维持市场的快速增长:提高产品质量并增加新的产品特色或式样;进入新的细分市场,争取主动;扩展新的分销渠道,进一步完善货物输运系统,稳定货源;将某种产品广告的诉求目标从建立对产品的认知转向建立对产品的信任,塑造品牌;巧妙、合理地降价,吸引更多的消费者。

值得注意的是,在成长期,企业需要在高市场份额和高额利润之间做出权衡。通过加大产品改良、促销、宣传和分销方面的投入,企业可以谋取更多的市场控制地位,但这样便牺牲了当前利润最大化的目标,只能寄希望于下个阶段进行补偿。

(三)成熟期

经过一段时间的发展,产品营业额增长得开始缓慢,并在某一点上开始下降,则该产品进入了成熟期。这一阶段所持续的时间通常比前两个阶段长,而且这个阶段也会对企业提出巨大的挑战。此时市场上大多数产品都处于生命周期的成熟期,产品供给超过需求,生产过剩使得竞争更加激烈。竞争者开始降价并展开更大规模的广告和促销攻势。要想增加营业额,唯一的办法是从竞争者那里拉来客户。价格战和巨额广告投入通常就成了基本的手段,而这样会使自身和竞争者的利润均减少。在这种情况下弱小的竞争者逐渐被淘汰出局。行业内最终只剩下那些有实力的竞争者。

成熟期的产品是企业理想的产品,也是企业利润的主要来源。因此,延长产品的成熟期是该阶段的主要任务,企业可以从以下三方面考虑。

(1)调整市场。企业要想方设法地扩大产品销量,通过寻找新的潜在消费者,开发新的细分市场和使用途径。同时,企业可以为产品品牌重新定位,吸引更多的消费者。

(2)调整产品。根据市场需求变化和竞争状况,企业需要通过创新改良产品的特性、质量和形态,以满足日新月异的消费需求。如改变产品的特性、质量、特色、风格、包装、增值服务等产品及服务相关因素来吸引更多的消费者,进而使得产品重新转入一个新的成长期。

(3)调整营销组合。企业需要不断地在营销组合元素上推陈出新,发起更有效的促销攻势,如限时降价、创意广告、公关促销、服务营销等多种手段综合运用。

(四)衰退期

在物流产品进入衰退期之后,营业额会逐步下降。部分物流产品的衰退可能会迟缓一些,部分物流产品的衰退可能会迅速一些。营业额下降有很多原因,包括技术进步和竞争等。随着营业额以及利润下降,有些企业便从市场上撤出。留在市场当中的那些企业也将减少产品的供给量。通常会舍弃一些较小的细分市场,缩减促销预算,并进一步降低价格。维持一种疲软的产品对企业而言代价很大,除了利润很少外还有许多隐形成本,比如消耗了企业资源、占用了管理时间。同时,疲软的产品落败造成的负面影响也会动摇消费者对企业其他产品的信心。企业必须对疲软产品给予格外关注,或舍弃出售,或最低限度地维持,减少各种成本,榨取最后价值。

对物流企业而言,衰退期的营销策略主要有:调整运输线路结构和密度,减少衰退的航次、车次、航班;停止已经亏损严重的运输线路;维持最低数量的运力,满足市场上少部分物流服务的需要;创新、积极地推出新的物流服务项目。

任务五 物流新产品开发策略

面对不断变化的市场、技术和竞争,以及消费者的"喜新厌旧"和消费需求的不断升级,新产品的开发和营销已经受到越来越多的物流企业的关注,每一种产品都要经历一个生命周期——从诞生起,经历成长期、成熟期,最终随着新的、更好的服务与顾客的新需求的出现而消亡。如何成功地让产品升级换代,是每一个物流企业面临的难题。

一、物流新产品的概念

从物流营销角度看,物流新产品是指在某个目标市场上首次出现的或者是物流企业首次向市场提供的、能满足某种消费需求的物流产品。只要物流产品的任何一部分具有创新、变革和改变,就算物流新产品。

物流新产品一般可以分为5种:全新产品、新产品线、现有产品线的添加、现有产品的改良、重新定位产品。其中,全新产品是应用了新原理、新技术、新材料,具备新结构、新功能的产品。例如,利用无人机或智能机器人同城配送快递业务就属于全新产品。中原集团的"中日绿色快航"可以被认为是企业的新产品线。在新的地区增加新的仓库可被认为是现有产品线的添加。在原来航线上增加新的挂靠站就可被认为是现有产品的改良。重新定位产品指企业根据市场变化情况,改变产品过去的定位,采用新的定位。

二、新产品的开发步骤

物流新产品开发的程序

新产品开发的主要步骤如图4-3所示。

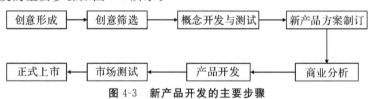

图4-3 新产品开发的主要步骤

(一)创意形成

新产品开发始于创意形成,即系统化地搜寻并捕捉新产品构思。为了源源不断地获取新产品创意,物流企业一般都要进行大量创意,以及选取多个创意来源。物流新产品创意的主要来源有:

1. 内部来源

许多物流新产品创意来自物流企业内部。首先,物流企业可通过正规的内部调研活动找到新创意,也可以借助内部科研人员、工程师和制造人员的智慧。其次,物流企业经验丰富的高级管理人员往往也有一些新产品创意。另外,物流企业的一线销售人员也是一个好来源。由于他们每天都与顾客直接接触,更容易准确地获取顾客的反馈和需求信息。

2. 顾客

大量新产品创意来自对顾客的观察和聆听。顾客更加清楚自己需要什么样的产品。物流企业可通过调查等方式了解顾客的需求和欲望,对顾客提问和投诉的分析则有助于发现更好地解决消费者问题的新产品。

3. 竞争者

新产品创意还可以来自对竞争对手的观察分析。许多企业都购买竞争对手的产品,借以了解其制造过程、销售状况,进而决定自己是否要开发属于自己的仿制新产品。企业也可以通过分析竞争对手的广告或其他宣传信息来获取有关新产品的线索。当采用竞争对手的创意时,应该能保证至少做到与竞争对手一样好。否则,顾客会将你的仿制新产品,与市场上首先出现的正品相比较,如果比较的结果不利,产品就会处于劣势地位。另外,将其他市场上的创意移植过来,也能使自身企业显得比较有创造性。

4. 分销商

分销商、销售商以及供应商也会有许多好的产品创意。分销商与市场联系紧密,信息交流量大,能够接触到有关新产品开发可能性等方面的最新消息。销售商接近消费者,能够传递有关消费者希望解决的问题。供应商能够告诉企业可用来开发新产品的新概念、技术和物资等相关信息。

5. 其他来源

其他来源包括行业杂志、展览和研讨会、政府机构、信息咨询机构、广告代理机构、市场调查机构、大学和研究院,以及专利所有人等。

(二)创意筛选

通过创意形成阶段可以搜集大量的新产品创意,但并非所有的新产品构思都能最终发展成为新产品。筛选的主要目的是选出那些符合本企业发展和长远利益,并且与本企业资源相适应的产品构思。有的产品构思可能很好,但与企业的发展目标不符合,也缺乏相应的资源条件;有的产品构思可能本身就不切实际,缺乏开发的可能性。筛选时应注意防止低估构思的潜在价值而失去一个好的创意,也要防止高估市场前景。因此,企业必须认真对产品创意进行筛选。

(三)概念开发与测试

产品创意经过筛选之后,企业就需要将新产品创意发展成为更形象和更具体的产品概念。产品概念是从消费者角度对产品创意的具体描述,用符号或实物的形象提供给消费者。一个产品的创意可以衍生出多个产品概念,物流企业应当从众多产品概念中选出最恰当的(见表4-5)。选择时可以以市场的潜在容量、投资收益、物流企业设备利用率等作为标准。同时,也可通过对若干个目标顾客组群或领先用户进行概念测试来选择。

表4-5 新产品概念筛选表

1. 被建议的新产品
2. 一般性描述
3. 将满足的企业目标
4. 将扮演的角色
5. 关键的优势或机会
6. 主要的劣势或威胁

续表

7.对营业额的预期影响:增加交易量、提高购买频率、提高购买价格、吸引新顾客
8.年营业目标和利润目标
9.将引起产品的自相竞争到何种程度
10.目标顾客描述
11.对工作时间的影响
12.目标价格
13.关键点
14.预计成本
15.预期的必要生产条件
16.当前必要的设备
17.必要的新设备
18.必要的劳动力
19.需要增加的雇员
20.必要的培训
21.对当前生产的消极影响
22.对员工的消极影响
23.竞争对手的可能反应
24.关键的效益
25.主要的不利之处
26.开发所需要的条件 ＊设施 ＊预算 ＊人员 ＊特殊专家 ＊时间

（四）新产品方案制订

拟订新产品方案，就是为了在选定产品概念之后，把新产品引入市场而设计一个初步的营销战略。报告书主要由三部分组成。第一部分，描述目标市场规模、物流产品定位，以及预计在开始几年内的销售额、市场份额和利润目标。第二部分，概述产品第一年的计划价格、销售及营销预算。第三部分，描述预计的长期销售额、利润目标及营销组合战略。

（五）商业分析

商业分析是指考察新产品的预计销售额、成本和利润是否满足企业的目标。通常，企业要回答以下问题：

(1)对新产品有哪些可能的需求？

(2)新产品对总销售额、总利润、市场份额和投资回报将会有什么影响？

(3)推出新产品对现有产品将有什么影响？新产品会蚕食现存产品吗？

(4)顾客会从新产品中获取哪些利益？

(5)新产品是否可以提高企业产品组合的总体形象？

(6)新产品会对员工产生怎样的影响？

(7)是否需要新的设备？如果需要，需要哪些？

(8)竞争对手可能会有什么样的反应？

(9)失败会带来哪些损失？是否愿意承担这样的风险？

要回答以上问题，企业需要深入研究市场、竞争、成本和技术能力。由此，管理层将对新产品的市场潜力有全面、深刻的了解。

(六)产品开发

就许多新产品概念而言，产品还只是一个口头描述、一幅图画，或者是一个粗糙的模型。如果产品概念通过了商业测验，那么，就可以进入产品开发阶段。在此，市场研究与开发和工程部门可以把市场概念发展成实体产品模型或样品。

(七)市场测试

产品通过了技术测试和商业测试，下一步就是要进行市场测试。市场测试是有限度的推广产品和进行营销，以确定在一种市场环境下潜在顾客的反应。在市场测试阶段，产品与营销方案被置于更加真实的市场环境中加以测试。市场测试能使营销人员在投入大笔投资并展开全面推广之前，获得产品营销的实际经验，发现存在的问题。市场测试要在真实的市场环境中对产品和整个营销计划进行评估。产品本身、产品的定位策略、广告、分销、定价、品牌的确定、包装以及预算水平等，都要在市场测试过程中加以评估。

市场测试的规模因产品而异。市场测试的成本可能很大，而且耗费时日。在这段时间，竞争者还可能获得某种优势。如果产品开发和引入的成本比较低，或者管理层对新产品的成功已经胸有成竹，那么企业就可以不需要或少做一点市场测试。如果是对现有产品做一点小的变动，或者是仿制成功的竞争产品，这时就不需要做市场测试。如果企业引入的新产品需要巨额投资或者管理人员对产品营销计划心里没底，企业就必须进行大量的市场测试。有些产品和营销计划在最终引入服务之前，要在几年时间经历测试、收回、变更和再测试的过程。因此，市场测试的成本可能会很高，但与因错误而造成的损失相比，通常比较低。

(八)正式上市

市场测试的成功即标志着企业可开始正式地批量生产新产品，并全面进入既定市场。由于新产品推入市场初期往往利润微薄，成本较高。因此，物流企业必须慎重决策。在正式推出新产品时，企业必须要做好以下4种决策：何时、何地、向谁、以何种方式推出。

(1)何时。企业首先要选择一个新产品推出的有利时机。

(2)何地。在充分考虑企业自身实力的基础上，企业必须决定新产品的推出是局限在一个单一的地点，还是一个地区、几个地区乃至全国。

(3)向谁。企业必须将其新产品分销和促销给最有发展前景的群体,着力寻找早期使用者、经常使用者、领先用户这3种消费群体。

(4)以何种方式推出。企业必须制订合理有效的执行计划,并切实将营销预算投入营销组合策略中。

【项目小结】

物流市场营销以满足消费者的需求为中心,而市场需求的满足通过各种物流产品来实现。没有最佳的、关系物流客户切身利益的物流产品策略,其他一切策略只能是空中楼阁,无从谈起。因此,物流企业产品策略是物流企业一切营销活动的基石,物流企业只有注重物流产品的不断创新,满足客户不断变化的需求,才能在激烈的市场竞争中立于不败之地。

本项目对物流产品的含义、物流产品组合策略以及品牌策略、包装策略、生命周期策略以及新产品开发策略进行了阐述。

【思考与练习】

一、选择题

1. 企业产品组合中所包含的产品项目的总数叫作产品组合的(　　)。
   A. 宽度　　　　　B. 长度　　　　　C. 深度　　　　　D. 关联度
2. 产品生命周期是(　　)。
   A. 产品的使用寿命　　　　　　　　B. 产品的物理寿命
   C. 产品的合理寿命　　　　　　　　D. 产品的市场寿命
3. 产品改良、市场改良和营销组合改良等决策适用于产品生命周期的(　　)。
   A. 投入期　　　　B. 成长期　　　　C. 成熟期　　　　D. 衰退期
4. 原定位于中档产品的企业掌握了市场优势之后,决定向产品大类的上、下两个方向延伸,这种产品组合策略叫(　　)。
   A. 向下延伸　　　B. 双向延伸　　　C. 向上延伸　　　D. 缩减产品组合
5. 新产品开发是从(　　)开始的。
   A. 商业分析　　　B. 创意筛选　　　C. 创意形成　　　D. 制订营销计划
6. 在产品整体概念中,最基本、最核心的部分是(　　)。
   A. 核心产品　　　B. 形式产品　　　C. 新产品　　　　D. 潜在产品
7. 品牌中可以被识别但不适于用语言称呼的部分叫(　　)。
   A. 品牌标志　　　B. 品牌名称　　　C. 品牌策略　　　D. 商标
8. 产品生命周期中在(　　)阶段利润一般较多。
   A. 投入期　　　　B. 成长期　　　　C. 成熟期　　　　D. 衰退期
9. 企业在原有产品的基础上,部分采用新技术、新材料制成的性能有显著提高的新产品是(　　)。

A. 改良新产品　　　B. 全新产品　　　C. 仿制品　　　D. 换代新产品

10. 用料高档以及设计精美的酒瓶,在酒消费之后可用作花瓶或凉水瓶,这种包装策略是(　　)。

A. 重新包装策略　　B. 统一包装策略　　C. 类似包装策略　　D. 再使用包装策略

二、简答题

1. 如何理解产品的整体概念?
2. 解释说明品牌的内涵特点。
3. 新产品开发的步骤有哪些?
4. 物流企业有哪些包装策略?

三、案例分析

2018年1月28日上午,圆通航空一架波音B-757F飞机从无锡起航飞往香港,这是圆通航空开通的首条跨境货运航线,也是圆通于2017年战略控股香港上市公司先达国际以来,国际化布局的又一动作,将进一步助力"中国制造"和"中国服务"协同走向全球。

据了解,圆通新增航线为无锡—香港—徐州—无锡,执飞这条航线的是波音B-757F机型,航班号为YG9041,载重量近30吨,每周4班,执飞时间为每周一、三、五、日。该航线的顺利开通,是圆通航空运营能力提升的重要体现,是圆通加速国际化布局、提高国际竞争力的重要进程。

圆通有关负责人表示,中国电商平台"买全球""卖全球",圆通等快递物流企业就要"运全球""送全球",为全球消费者带来"中国服务"和"中国速度"的全新体验。

中国香港是重要的国际金融、航运和贸易中心,也是国家"一带一路"建设的重要节点。通达的航空网络和高效的物流操作模式,使香港具备了得天独厚的货物中转优势。在圆通的规划布局中,圆通将以香港为基础打造多式联运的公共平台和业务进出口的国家及地区之间的转运枢纽。

圆通航空自2015年开航以来,已先后搭建起覆盖华东、华南、西南、西北以及华北等区域之间的自有全货机航线网络,覆盖国内各主要城市。目前,圆通航空自有全货机数量已达11架,全货机机队规模保持稳步增长。

自2017年战略控股先达国际以来,圆通国际业务团队规模已超过1 600人,业务网络覆盖4大洲的50多个国家和地区,拥有国际直营站点60余个,网络代理点突破1 000家。今后,随着国际化业务不断发展、国际化战略不断推进,圆通还将陆续开通俄罗斯、马来西亚、菲律宾、日本等国家和中国台湾地区的航线,为客户提供更优质的快件空运服务。

思考:

1. 圆通作为国内首屈一指的物流企业之一,如何拓宽产品线? 采取了哪些策略以及具体的措施?
2. 你对快件空运服务怎么看? 发展前景如何?

【实训设计】

物流企业品牌调查

实训内容与要求:

1. 教师指导学生自由组合,每组 4~6 人,并选出负责人。

2. 选择当地或利用互联网调查某一物流企业,了解该企业在物流产品策略,试分析该企业的产品策略是否得当。

3. 根据研究结论,提出改进方案,并回答下列问题:

(1)勾勒出该物流企业产品的产品整体概念。

(2)分析讨论该物流企业产品处于生命周期的哪个阶段。

(3)讨论该物流企业产品有无进一步开发的机会。

项目五　物流定价策略

【知识目标】

1. 掌握影响物流企业定价的因素。
2. 理解定价的目标。
3. 熟悉定价的程序。
4. 掌握定价常用的三种方法。
5. 掌握物流企业定价的策略与技巧。

【技能目标】

1. 能够运用有关定价的知识解释和分析一些典型物流产品的定价策略。
2. 能够结合某种新产品,为其制定一个可行的价格策略。

【导入案例】

"双十一"价格战打响　顺丰速运也来凑热闹

据业内人士透露,顺丰速运在"双十一"期间全面打响了电商快递价格战,针对天猫、淘宝、聚划算等淘宝系电商平台的快件,全面实施五折优惠。该业内人士同时还指出,顺丰此举是为了借"双十一"大促,与"三通一达"等电商快件"专业户"争夺市场。

顺丰此前在淘宝快件市场中表现得不温不火,价格因素起到了主导作用。从价格上分析,一向以中高端快递形象示人的顺丰、宅急送等快递品牌,的确存在降价空间,但其主打的客户群多属"高富帅",且并不以电商市场为主。相关数据显示,每逢天猫、淘宝大促,顺丰均有参战,但在淘宝系的快件量中仅占4%,相反,申通、圆通两家快递公司则要占据将近70%的市场。

据了解,目前天猫、淘宝上使用顺丰速运的主要集中在部分商品单价较高的卖家,这些卖家通常有能力消化顺丰快件的高价格。又或者买家多属于非价格敏感型人群,并对运送质量、安全有特殊要求。

业内人士认为,顺丰在"双十一"期间掏出5折的底牌,对淘宝卖家而言的确具有诱惑力。

尤其是面对爆仓、送货迟缓等老问题，顺丰的低价介入，可在一定程度上缓解卖家的发货烦恼，从而借机在"三通一达"手中"劫走"大批客户。"但顺丰绝对不会将5折持续下去，因为这样做不仅会折损品牌价值，也会让其陷入价格战的泥沼。"某上海快递公司人士称，虽然降价会很有竞争力，但"三通一达"等快递企业以价换量的做法，已经让快递价格降至谷底，缺乏下调的空间。而随着人力、土地、燃油成本的日益上扬，价格战根本无法持久。

另外，降价策略的背后实则是一种降低市场效率的行为。以顺丰此前推出的"顺丰特惠"为例，虽然与顺丰标准快件相比首重价格优惠了4~6元、续重价格低至5~7折，但由于选择陆运，在配送速度上比顺丰标准快递慢一天以上。不过，对于刚刚拿到首轮外部融资的顺丰而言，如果能够借"双十一"之势，顺利杀入淘宝快件市场，则会进一步稳固其市场地位。未来阶段，面对"菜鸟"智能物流网络的兴起，也会起到一定的牵制作用。

请思考以下问题：
1. 影响顺丰速运物流服务产品定价的因素有哪些？
2. 如何进行物流服务产品定价？

任务一　影响物流企业定价的因素

物流定价策略是物流营销组合中一个十分关键的组成部分，通常价格是影响交易成败的重要因素，同时是物流营销组合中最难以确定的因素。企业在给产品定价时对那些主要因素要给予充分的考虑。主要因素有以下几方面。

一、成本因素

产品成本是指产品在生产和流通过程中所花费的物质消耗及支付的劳动报酬的总和。一般来说，产品成本是构成价格的主体部分，是商品价格的最低限度。给产品定价，并非随心所欲，产品价格的高低，受诸多因素的制约和影响，制定价格则须注意分析相关因素。但不管怎么样，产品的最低价格不能长期低于生产产品成本，否则企业将无法经营。因此，物流企业制定价格时必须估算成本。需要注意的是，这里所指产品成本应是生产同类产品的社会必要劳动成本。

对于物流企业而言，物流成本有广义和狭义之分。狭义的物流成本仅指由于物品移动而产生的运输、包装、装卸等费用。具体对于流通企业而言，其物流成本更侧重于狭义的物流成本。但是，物流成本的归集和分析同其他类型企业有较大不同。原因在于首先物流活动的范围非常广，致使其成本分析非常困难；其次，由于物流成本较难单独列入企业的计算范围，具体的计算方法还没有形成统一的规范。对此，我们可参考国外物流成本归集计算方式来确定物流成本。

第一种方式是按物流范围划分。将物流费用分为供应物流费用、生产物流费用、企业内部物流费用、销售物流费用、退货物流费用和废弃物流费用六种类型。

第二种方式是按支付形式划分的物流成本费用计算标准。将物流费用分为材料费、人工费、公益费、维护费、一般经费、特别经费和委托物流费用等。

第三种方式是按物流的功能划分计算物流费用,包括运输费、保管费、包装费、装卸费、信息费和物流管理费等。

总之,物流成本就是在物流过程中,为提供有关服务,要占用和耗费的人力、物力和财力的总和。针对不同的成本分析目的,我们应具体问题具体分析,归集出相关过程中的人、财、物的消耗作为其物流成本。

二、供求关系

一般情况下,产品的成本影响商品的价格,而产品价格是由产品的供求决定的,经济学原理告诉我们,如果其他因素保持不变,产品的价格和消费者对产品的需求之间存在着密切的联系。通常对于大多数产品来说,在其条件相同的情况下,产品价格同消费者对该产品的需求数量之间是呈反比关系的,即产品的价格下跌,需求量就上升,而产品的价格上涨,需求量就相应下降。供给是指企业在一定市场上和某一特定时期内,与每一价格相对应,愿意并且能够供应的产品的数量。同需求类似,产品的供给与产品的价格之间也存在密切联系。通常,产品的价格同产品的供给之间存在正比关系。即产品价格越高,企业愿意生产或提供更多数量的产品;反之,企业产品的供给量会减少。

市场上的产品供求关系平衡总是暂时的、相对的。供求关系经常处于不平衡的动态状况,一般情况是:当产品供过于求时,价格下降;当产品供不应求时,价格上升,如图5-1所示。

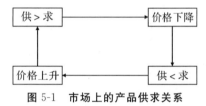

图 5-1 市场上的产品供求关系

这种循环变化主要取决于市场需求量对价格变动的灵敏程度,即需求的价格弹性。需求弹性的计算公式为

$$需求的价格弹性|E_d|=需求量变化的百分比/价格变化的百分比$$

不同产品的需求弹性是不同的,有的需求弹性$|E_d|$大于1,即需求数量变化的百分比大于价格变化的百分比,这种情况产品富有弹性;有的需求弹性$|E_d|$小于1,即需求数量变化的百分比小于价格变化的百分比,这种情况叫作产品缺乏弹性;有的需求弹性等于1,即需求数量变化的百分比等于价格变化的百分比,这叫作单位弹性。一般需求弹性较小,如某家擅长从事物流方案设计、策划的物流咨询公司,其物流方案设计(劳务)产品的价格就相对缺少弹性,原因在于同类企业的同类产品的质量远低于该企业的产品质量,对于有需要的消费者来说,即使该咨询公司的要价很高,消费者在多数情况下也不得不购买其产品;而非必需品或非常容易形成供过于求状况的需求弹性较大,如某省的两个地区之间的中短途汽车货运的价格在完全市场竞争条件下,其价格弹性相对较大。因此,企业必须预先测定产品的供求状况和需求价格弹

性,作为定价的依据。

三、市场竞争结构

在完全竞争的市场模式下,买卖双方按照市场供求关系决定的市场价格定价。

在垄断竞争的市场模式下,产品价格是在各企业彼此竞争中形成的。这两类市场中,顾客购买商品时,总要在质量、服务等方面货比三家,因此竞争者价格肯定会影响到本企业产品价格,制定产品价格时应该注意收集有关竞争者的相关信息,如果本企业产品优于竞争者,则可以考虑将价格提高一些;反之,如果本企业产品总体不及竞争对手的产品,则可以把价格定低一些,不然卖不出去;如果品质相当则价格相当。

在寡头垄断的市场模式下,行业巨头的产品定价是其他企业定价的主要依据。

在纯粹垄断的市场模式下,由卖方定价,政府干预。买方只能是价格的接受者,而不是价格的决定者。

四、竞争者的产品和价格

在市场经济中,绝大多数企业都存在或多或少的竞争对手。为了更准确的为本企业产品定价,企业应采取适当方式,了解竞争对手产品的质量和价格。企业在获得对手相关信息后,才可与竞争产品比质论价。一般来说,如果两者质量大体一致,则两者价格也应大体一样。否则定价过高可能会使本企业产品卖不出去,如果本企业的产品质量较高,则产品价格也可以定得较高,如果本企业产品质量较低,那么产品价格就应得定得低一点。还应看到竞争对手也可能随机应变,针对企业的产品而调整价格,也可能不调整价格而调整市场营销组合的其他变量,与企业争夺顾客。当然,对竞争对手价格的变动,企业也要及时掌握有关信息,做出明智的反应。

五、政府的干预程度

除了竞争状况以外,各国政府干预企业价格制定程度也直接影响企业的价格决策。世界各国政府对价格的干预和控制是普遍存在的,只是干预与控制的程度不同而已。国家常常会通过制定物价工作方针和各项政策,对价格进行管理控制或干预,国家有关方针政策对市场价格的形成有着重要的影响。

(一)行政手段

行政手段指政府通过出台相应的行政规定或行政制度等来促进相应行业的有序发展。如在物流企业中,提供的产品往往是无形的劳务,其产品是非物质性的,往往导致价格竞争随着市场的日趋成熟而日趋激烈,为防止物流企业的不正当竞争,行业协会或政府相关部门可采用规定收费标准的手段,限制物流劳务的过高或过低价格的出现,从而维持物流业健康平稳的发展。

(二)法律手段

法律手段指通过立法机关制定相关的法律、法规来维护相关行业的健康发展。如我国制定的《企业法》《公司法》《反不正当竞争法》《消费者权利保护法》《知识产权法》等,目的是维护市场经济健康有序的发展,如当物流企业中出现垄断时,可采取相应法规限制垄断企业的存在和发展。

(三)经济手段

经济手段指国家采用税收、财政、利率、汇率等手段来间接影响经济及物价。如当经济发展过热时,政府可采用增加税收、提高银行利率等经济手段来调节其发展。例如,在物流企业发展过热时,政府可对物流产品的价格增加税收,高价高税,由此会导致企业的税后利润下降,从而影响企业的定价。

六、企业状况

企业状况主要指企业的生产经营能力和企业经营管理水平对价格制定的影响。不同的企业由于规模和实力不同,销售渠道和信息沟通方式不同,以及企业营销人员的素质和能力高低不同,对价格的制定和调整应采取不同的策略。

(一)企业的规模与实力

规模大、实力强的企业在价格制定上余地大,企业如认为有必要,就可以大范围地选用薄利多销和价格正面竞争策略。而规模小、实力弱的企业生产成本一般高于大企业,在价格的制定上往往比较被动。

(二)企业的销售渠道

渠道成员有力、控制程度高的企业在价格决策中可以有较大的灵活性,反之,则相对固定。

(三)企业的信息沟通

企业的信息沟通包括企业的信息控制和与消费者的关系两方面。信息通畅、与消费者保持良好的关系时适当调整价格是可以被消费者理解和认可的。

(四)企业营销人员的素质和能力

拥有熟悉生产经营环节,掌握市场销售、供求变化等情况,并具备价格理论知识和一定实践能力的营销人员,是企业制定最有利价格和选择最适当时机调整价格的必要条件。

任务二 物流产品定价目标与程序

一、物流产品定价目标

在市场经济中,企业的最终目的是使企业能生存、发展和壮大,为达到这一最终目标,企业必须适应瞬息万变的市场的变化,这就必然会使企业在不同的时间、不同的市场情况下确定其不同的工作重点,确定其近期和远期的不同发展目标,并努力采取各种措施去实现其近期的和远期的发展目标。而价格是企业为实现其目标所需运用的最重要的手段之一。企业的发展目标不一样,则为实现不同目标而制定的产品价格就会不一样,因而企业产品定价须按照企业的目标市场战略及市场定位战略的要求来进行。也就是说,在产品定价和企业目标之间,产品定价应服从和服务于企业目标。通常,企业定价目标主要有以下几种。

(一)获取理想利润目标

这一目标即企业期望通过制定较高价格,迅速获取最大利润。采取这种定价目标的企业,其产品多偏于绝对有利的市场地位。一般而言必须具备两个条件:一是企业的个别成本低于行业平均成本;二是该产品的市场需求大于供应。在这种情况下,企业可以把价格定得高于按平均利润率计算的价格。如我国现阶段能提供高效优质物流产品或劳务服务(指相对于其他大多数物流企业来讲)的物流企业可根据此制定其产品价格。

使用这种定价目标要注意的问题是:由于消费者的抵抗、竞争者的加入、代用品的盛行等原因,企业所处的有利地位不会持续太久,高价也最终会降至正常水平。因此,企业应该着眼于长期理想利润目标,兼顾短期利润目标,不断提高技术水平,改善经营管理,增强企业产品竞争力。

(二)取得适当投资利润率目标

这一目标即企业通过定价使价格有利于实现一定的投资报酬。采取这种定价目标的企业一般是根据规定的利润率和实际投资额,计算出各单位产品的利润额,把它加在产品的成本上,成为该产品的出售价格。

采用这种定价目标,应该注意3个问题:第一,要确定合理的利润率。一般来说,预期的利润率应该高于银行的存款利息率,但又不能太高,否则消费者不能接受。第二,产品必须是畅销的,否则预期的投资利润率就不能实现。第三,企业的生产成本与社会平均成本相当或更低。

(三)维持和提高市场占有率目标

这一目标着眼于追求企业的长远利益,有时它比获取理想利润目标更重要。市场占有率的高低反映了企业的经营状况和竞争能力,关系到企业的发展前景。因为从长期来看,企业的赢利状况是同其市场占有率正相关的。为了扩大市场占有率,企业必须相对降低产品的价格水平和利润水平。但是采用这一策略必须和大批量生产能力结合起来。因为降价后市场需求量急剧增加,如果生产能力跟不上,造成供不应求,竞争者就会乘虚而入,反而会损害本企业利益。

(四)稳定市场价格目标

这种定价目标是企业为了保护自己,避免不必要的价格竞争,从而牢固地占有市场而制定的。在产品的市场竞争和供求关系比较正常的情况下,企业为了在稳定的价格中取得合理的利润而制定商品价格。这一策略往往是行业中处于领先地位的大企业所采取的。这样做的优点在于:即使市场需求一时发生急剧变化,价格也不致发生大的波动,有利于大企业稳固地占领市场。

(五)应对竞争目标

这是竞争性较强的企业所采用的定价目标策略。在定价前应注意搜集同类产品的质量和价格资料,与自己的商品进行比较,然后选择应付竞争的价格。具体来讲,主要有以下几种方式。

(1)对于力量较弱的企业,应采用与竞争者价格相同或略低于竞争者的价格。

(2)对于力量较强又想扩大市场占有率的企业,可采用低于竞争者的价格。

(3)对于资本雄厚,并拥有特殊技术的企业,可采用高于竞争者的价格。

(4)有时可采取低价,从而迫使对手退出市场或阻止对手进入市场。

二、物流产品定价程序

物流产品定价程序是指根据物流企业的营销目标,确定适当的定价目标,综合考虑各种定价因素,选择适当的定价方法,具体确定企业产品价格的过程。一般来说,物流企业的定价程序可分为以下9个步骤。

(一)选择定价目标

物流企业的定价目标首先要从企业的营销目标出发,对物流市场上物流服务的供求状况、竞争状况以及定价策略和市场营销的其他因素综合考虑加以确定。

(二)估算市场需求量

一般情况下,对于原物流服务的需求量的估算比较容易,根据以往的需求情况进行估算就行,但对于物流新产品则很难准确地估算,需要请专家从多个角度进行验证。

(三)分析竞争者的产品特点、市场份额

分析竞争对手的物流产品存在的优势、劣势以及已经占据的市场份额,就能够判断自己的物流产品所处的相对位置、自己具有的优势,摸清市场给自己的物流产品留下的市场空间。

(四)测定需求弹性

需要测定需求的价格弹性、需求的交叉弹性和需求的收入弹性。物流服务项目的需求受到该服务项目的价格、其他相关服务的价格以及物流不同客户的收益水平等因素的影响,找出该种影响程度与趋势就可以制定相应的市场营销策略。

(五)估算物流成本

物流企业服务项目的成本费用是制定物流服务项目价格的最低限。估算出自己的物流成本,也就找到了定价的底线。

(六)了解国家有关物价的规制

物流企业了解和执行国家有关物价的政策和法规,不仅可以明确定价的指导思想,利用其为企业服务,还可以避免不必要的损失。

(七)分析竞争者的价格

分析竞争者的价格,判断对手定价的理由、价格的高低、定价的方法和策略,为自己的定价

树立参照系。

(八)选择定价方法和定价策略

在明确市场空间、估算物流成本、了解国家有关的物价规制、分析竞争者的价格的基础上,可以选择适合自己的定价方法和定价策略。

(九)确定物流价格

按照选择的定价方法和定价策略,推算出自己的定价水平。

任务三 物流产品基本定价方法

通常企业制定价格是一项很复杂的工作,必须综合考虑多方面的因素,如产品的市场供给、需求、成本费用、消费者预期和竞争情况等因素的影响,采取一系列步骤和措施来确定价格。

对于物流企业来讲,因为其产品是向用户提供劳务服务,产品是无形的,所以影响产品价格的因素相对于有形的产品来讲就会显得更复杂、更难以把握。为了制定好产品价格,从市场营销管理的价格策略上提高物流企业的竞争力,从总体上,首先应熟悉物流企业的产品情况,在此基础上,全面分析产品的因素,灵活运用各种定价方法和技巧,才能更好地制定物流企业产品的价格。企业可以采取的定价方法很多,根据上述与定价有关的基本因素,可归纳出三种基本的定价方法,即成本导向定价法、需求导向定价法、竞争导向定价法。

一、成本导向定价法

成本导向定价法是物流企业定价首先需要考虑的方法。成本是物流企业生产经营过程中所发生的实际耗费,客观上要求通过物流服务的销售而得到补偿,并且要获得大于其支出的收入,超出的部分表现为利润。以物流服务单位成本为基本依据,再加上预期利润来确定价格的成本导向定价法,是中外企业最常用、最基本的定价方法。这也是最不以消费为导向的方法,由此制定出来的产品价格还需由消费者的反应来确定其定价的科学性、合理性,具体来讲,成本导向定价法主要包括了两种具体方法,即成本加成定价法和目标利润定价法。

(一)成本加成定价法

成本加成定价法

这种方法就是按产品单位成本加上一定比率的利润制定其产品的价格。加成的含义就是一定比率的利润。其计算公式为

$$P=C(1+R)$$

式中：P——单位成本；

C——单位产品成本；

R——成本加成率或预期利润率。

例：某企业单位产品总成本（由单位劳动力成本、原材料成本、电力消耗、工具成本、日常开支成本汇兑）为 12.32 元/个产品，企业的预期利润率为 20%，求该产品的销售价格是多少？

$$单位产品售价=C(1+R)=12.32(1+20\%)=14.784(元/个)$$

这种定价方法的特点是：第一，成本的不确定性一般比需求少，将价格盯住单位成本，可以大大简化企业定价程序，而不必根据需求情况的瞬息万变而作调整；第二，如果同行业的企业都采用这种定价方法，各家的成本和加成比例接近，定出的价格相差不多，可能会缓和同行业间的价格竞争；第三，根据成本加成，对于买卖双方更加公平合理，卖方只是"将本求利"，不会在消费者需求强烈时利用此有利条件谋取额外利润，但这种方法的不足是缺乏营销管理中很重视的销售灵活性的特点，许多情况下其定价反应会较市场变化滞后。因此，在企业的产品生产成本大于相同产品的社会必要生产成本时采用此方法就有可能导致产品滞销。

（二）目标利润定价法

这是根据企业所要实现的目标利润来定价的一种方法。同成本加成法相比，该方法主要是以企业想达到的利润目标为出发点来制定产品价格的，目标利润法的基本公式为

$$单位产品价格=\frac{固定成本+变动成本+目标利润}{预计销量}$$

例：某公司 9 月份计划周转量为 5 000 千吨·千米，单位变动成本为 150 元/千吨·千米，固定成本 20 万元，目标利润为 30 万元，则单位运价是多少？

$$单位运价=\frac{固定成本+变动成本+目标利润}{预计周转量}=$$

$$\frac{200\,000+150\times 5\,000+300\,000}{5\,000}=$$

$$250(元/千吨·千米)$$

这种方法的特点是有利于加强企业管理的计划性，可较好实现投资回收计划。但要注意估算好产品售价与期望销量之间的关系，尽量避免确定了价格而使销量达不到预期目标的情况出现。

二、需求导向定价法

需求导向定价法是以消费者对商品价值的理解和需求强度为依据来制定价格的。

（一）理解价值定价法

理解价值定价法即企业根据消费者对商品或劳务价值的认识而不是根据其成本来制定价格的定价方法。企业利用各种营销因素，从提供的服务、质量、价格等方面，为企业树立一个形象，然后再根据客户对于这个形象的理解定价。

各种物流服务在消费者心目中都有特定的位置,当消费者选购某一服务时常会将该服务与其他企业同类服务进行比较,通过权衡相对价值的高低决定是否购买。消费者对物流服务价值认知和理解程度的不同,会形成不同的定价上限,理解价值定位法就是利用物流服务在消费者心目中对价值的理解程度来确定物流服务价格,如果价格刚好定在这个限度内,那么消费者既能顺利购买,企业也将更加有利可图。对快递而言,考验的就是速度,如果你的快递速度是别人的两倍,你的快递定价就可以是同行的1.5倍或更高。

(二)需求差异定价法

需求差异定价法又称差别定价法,是指根据销售的对象、时间、地点的不同而产生的需求差异,对相同的物流服务采用不同价格的定价方法。同一物流服务的价格差异并不是由物流服务成本的不同而引起的,而主要是由消费者的需求差异和购买心理、服务质量、地区差别以及时间差别等所决定的。需求差异法的优点是可以使物流企业定价最大限度地符合市场需求,促进物流服务销售,有利于物流企业获取最佳的经济效益。采用这种方法定价,一般是以该物流服务的历史定价为基础,根据市场需求变化的具体情况,在一定幅度内变动价格。这种方法的具体实施通常有以下四种方式。

(1)基于客户差异的差别定价。如会员制下的会员与非会员的价格差别;学生、教师、军人与其他客户的价格差别;新、老客户的价格差别;国外消费者与国内消费者的价格差别。

(2)基于不同地理位置的差别定价。如班机与轮船上由于舱位对消费者的效用不同而价格不一样,同城快递在一、二、三线城市中会有不同的定价。

(3)基于服务差异的差别定价。功能和质量相同的同种物流服务虽然对每个客户实施起来的成本不同,但物流企业在定价时,并不根据成本的不同定价,而是按服务质量的不同来定价。

(4)基于时间差异的差别定价。在需求旺季,物流服务需求价格弹性化,可以提高价格;在需求淡季,价格需求弹性较高,可以采取降低价格的方法以吸引更多客户。

实行需求差异定价法必须具备一定的前提。这些前提条件包括:符合国家的相关法律法规和地方政府的相关政策;市场能够细分,且各细分市场具有不同的需求弹性;不同价格的执行不会导致本企业以外的企业在不同的市场间进行套利;客户在主观上或心理上确实认为物流服务存在差异。

(三)反向定价法

反向定价法又称逆向定价法,是指物流企业依据消费者能够接受的最终销售价格,计算自己从事经营的成本和利润后,逆向推算出物流服务的批发价和零售价。这种定价方法不以实际成本为主要依据,而是以市场需求为定价的出发点,力求使价格为消费者所接受。反向定价法的优点是价格能反映市场需求情况,有利于加强与中间商的良好关系,保证中间商的正常利润,使物流服务迅速向市场渗透,并可根据市场供求情况及时调整,定价比较灵活。反向定价法的缺点是忽视了成本的因素,容易造成物流服务的质量下降和客户的不满,并导致客源减少。

三、竞争导向定价法

竞争导向定价法是以同类产品的市场竞争状况为依据,根据竞争状况确定本企业产品价格水平的方法。

(一)随行就市定价法

随行就市定价法又称流行水准定价法,是指在市场竞争激烈的情况下,物流企业为保存实力采取按同行竞争者的物流服务价格定价的方法。该方法特别适用于完全竞争市场和寡头垄断市场,适用于需求弹性比较小或供求基本平衡的物流服务。一些小型企业多采取随行就市定价法。价格定高了,就会失去客户;而价格定低了,需求和利润也不会增加。因此,随行就市是一种较为妥稳的定价方法,也是竞争导向定价方法中广为流行的一种。

随行就市定价法定价的具体形式有两种:一种是随同行业中处于领先地位的大物流企业价格的波动而同水平波动,另一种是随同行业物流服务平均价格水平的波动而同水平波动。在竞争激烈、市场供求复杂的情况下,单个物流企业难以了解消费者和竞争者对价格变化的反应,采用随行就市的定价方法能为企业节省调研费用,而且可以避免贸然变价所带来的风险;各行业价格保持一致也易于同行竞争者之间和平共处,避免价格战和竞争者之间的报复。

(二)主动竞争定价法

与随行就市定价法相反,主动竞争定价法不是追随竞争者的价格,而是以市场为主体、以竞争对手为参照物的一种常用的营销绩效定价方法。定价时首先将市场上竞争服务价格与企业估算价格进行比较,分为高、一致、低三个价格层次。其次,将服务的性能、质量、成本等与竞争企业进行比较,分析造成价格差异的原因。再次,根据以上综合指标确定服务的特色、优势及市场定位,在此基础上按定价要达到的目标确定服务价格。最后,跟踪竞争服务的价格变化,及时分析原因,相应调整服务价格。

(三)优质高价定价法

优质高价定价法也是一种主动竞争的定价方法。它是指提供特种服务和高质量服务的物流企业,凭借其服务本身独具的特点、功能和品牌声誉,以及能提供比别的企业更高水平的保证等而与同行竞争的定价方法。这类物流服务的价格普遍比竞争者的服务价格高。

(四)低价打入定价法

这是物流企业为了打入一个新市场或排挤竞争者进入市场,以维持和扩大市场占有率而采用的一种定价方法。其价格大多较低,但具体低到什么程度,应以进入市场、打开销路或吓退市场进入者为准。

(五)密封投标定价法

密封投标定价法又称投标竞争定价法,是一种买方引导卖方通过竞争成交的一种定价方法。一般由买方公开招标,密封递价,买方按物美价廉的原则择优选取,到期当众开标,中标者与买方签约成交。投标的价格低于竞争者,可增加中标机会,但若太低,不能保证企业收益。

投标价格皆不以本企业的成本和主观愿望为依据,而是根据买者(或承包方)竞争出价情况而定,需要估计竞争对手的报价后确定。

任务四　物流产品定价策略与技巧

定价方法是依据成本、需求和竞争等因素决定产品或劳务基础价格的方法。基础价格是单位产品在生产地点或者经销地点的价格,尚未计入折扣、折让、运费等对商品或劳务的影响。但在市场经济条件下,随着企业的增多、竞争的加剧,现实中的产品或劳务市场往往是处于动态变化之中,为了适应市场的变化,在物流市场营销实践中,企业还需考虑或利用灵活多样的定价策略或技巧,修正或调整商品或劳务的基础价格。

一、新产品定价策略

新产品定价关系到新产品能否顺利进入市场,企业能否站稳脚跟,能否取得较大的经济效益。常见的新产品定价策略主要有3种:撇脂定价策略、渗透定价策略和满意定价策略。

(一)撇脂定价策略

撇脂定价策略

撇脂定价策略又称取脂定价策略,是指在物流服务生命周期的最初阶段,把具有新、奇、特特点的服务价格定得很高,以攫取最大利润。

撇脂定价的市场条件是:市场有足够的购买者,他们的需求缺乏弹性,即使把价格定得很高,市场需求也不会大量减少;高价使需求减少,但不至于抵消高价所带来的利益;在高价情况下,仍然独家经营,别无竞争;高价使人们产生这种服务是高档服务的印象。

撇脂定价的优点主要表现在以下几方面:

(1)新产品上市之初,顾客对其尚无理性认识,此时的购买动机多属于求新、求奇,利用较高价格可以提升产品身份,适应顾客求新心理,创造高价、优质、名牌的印象,有利于开拓市场。

(2)主动性大。先制定较高的价格,在其新产品进入成熟期后可以拥有较大的调价余地,不仅可以通过逐步降价保持企业的竞争力,而且可以从现有的目标市场上吸引潜在需求者,甚至可以争取到低收入阶层和对价格比较敏感的顾客。

(3)在新产品开发之初,由于资金、技术、资源、人力等条件的限制,企业很难以现有的规模满足所有的需求,利用高价可以限制需求的过快增长,缓解产品供不应求状况,并且可以利用高价获取的高额利润进行投资,逐步扩大生产规模,使之与需求状况相适应。

(4)在短期内可以收回大量资金,用作新的投资。

撇脂定价策略也存在着某些缺点,主要表现在以下几方面:

(1)高价产品的需求规模毕竟有限,过高的价格不利于市场开拓、增加销量。

(2)高价高利容易引来大量的竞争者,不利于占领和稳定市场,导致仿制品、替代品迅速出现,从而迫使价格急剧下降。此时若无其他有效策略相配合,企业苦心营造的高价优质形象就可能会受到损害,失去一部分消费者,从而导致新产品推广失败。

(3)价格远远高于价值,在某种程度上损害了消费者利益,容易招致公众的反对和消费者抵制,甚至会被当作暴利来加以取缔,诱发公共关系问题。

(二)渗透定价策略

渗透定价策略是指企业把创新服务的价格定得相对较低,以吸引大量客户,提高市场占有率。

渗透定价策略的市场条件如下:市场需求对价格极其敏感,低价会刺激市场需求迅速增长;物流企业的生产成本和经营费用会随着生产经营经验的增加而下降;低价不会引起实际和潜在的竞争。

渗透定价策略的优点表现在以下几方面:

(1)低价可以使产品迅速为市场所接受,并借助大批量销售来降低成本,获得长期稳定的市场地位。

(2)微利可以阻止竞争对手的进入,减缓竞争,获得一定市场优势。

其缺点表现在投资回收期较长,见效慢,风险大。

(三)满意定价策略

满意定价策略是一种介于撇脂定价策略和渗透定价策略之间的定价策略。它既不是利用价格来获取高额利润,也不是让价格制约占领市场,是一种较为公平、正常的定价策略。这种定价策略由于能使生产者和客户都比较满意而得名,所以又称君子价格或温和价格。

二、地区定价策略

地区定价策略实质就是企业要决定对于卖给不同地区顾客的某种产品,是分别制定不同的价格,还是制定相同的价格。物流企业不仅要为当地客户提供物流服务,也要为外地客户提供物流服务。物流企业地区定价策略,即物流企业定价时对于提供给位于不同区域的客户的同种服务分别制定不同的价格,因为服务产生的运输、仓储、保管费用都不同。区域定价策略主要包括两种。

(一)统一交货价格

统一交货价格,也称送货制价格,是指物流企业的物流服务不分路途远近,制定统一的价格。

(二)分区运送价格

分区运送价格,也称区域价格,是指物流企业根据顾客所在地区距离的远近,将服务覆盖的整个市场分成若干个区域,在每个区域内实行统一价格。

三、折扣折让定价策略

物流企业为了争取顾客、扩大销量,鼓励客户及早付清货款、大量购买、淡季购买,在基本价格的基础上直接或间接降低价格,就是折扣与折让。直接折扣的形式有现金折扣、数量折扣、功能折扣、季节折扣,间接折扣的形式有回扣和津贴。

(一)现金折扣

现金折扣也叫付款期折扣,是对在规定的时间内提前付款或用现金付款者给予的一种价格折扣,其目的是鼓励客户尽早付款,加速企业资金周转,降低销售费用,减少财务风险。采用现金折扣一般要考虑3个因素:折扣比例、给予折扣的时间限制与付清全部货款的期限。例如,"3/20,N/60",其含义是在成交后20天内付款,买者可以得到3%的折扣,超过20天,在60天内付款不给予折扣,超过60天付款要加付利息。

(二)数量折扣

按购买数量的多少,分别给予不同的折扣,购买数量越多,折扣越大,以鼓励大量购买或集中向本企业购买。数量折扣包括累计数量折扣和一次性数量折扣两种形式。

累计数量折扣规定客户在一定时间内,购买服务若达到一定的数量或金额,则按其总量给予一定折扣,以鼓励客户经常向本企业购买,成为可依赖的长期客户。

一次性数量折扣规定一次购买某种服务达到一定的数量或购买多种服务达到一定的金额,则给予折扣优惠,以鼓励客户大批量购买,促进服务多销、快销。

(三)功能折扣

功能折扣也叫贸易折扣或交易折扣,是指中间商在产品分销过程中所处的环节不同,其所承担的功能、责任和风险也不同,企业据此给予不同的折扣,即制造商给某些批发商或零售商的一种额外折扣,促使他们执行某种市场营销功能,如推销、储存、服务等。功能折扣的主要目的是:鼓励中间商大批量订货,扩大销售,争取顾客,并与生产企业建立长期、稳定、良好的合作关系;对中间商经营的有关产品的成本和费用进行补偿,并让中间商有一定的赢利。

(四)季节折扣

季节折扣是指对在淡季购买物流服务的客户给予一定的优惠,使企业的生产和销售在一年四季能保持相对稳定。如冷链物流企业可以在冬天给予客户一定的折扣。

(五)回扣和津贴

回扣是间接折扣的一种形式,它是指购买者在按价格目录将货款全部付给销售者以后,销售者再按一定比例将货款的一部分返还给购买者。津贴是企业为特殊目的,对特殊客户以特定形式所给予的价格补贴或其他补贴。例如,当中间商为物流企业的服务提供了包括刊登地方性广告、设置演示大厅等在内的各种促销活动时,物流企业可以给予中间商一定数额的资助或补贴。

四、心理定价策略

每一件产品都能满足消费者某一方面的需求,其价值与消费者的心理感受有着很大的关系。这就为心理定价策略的运用提供了基础,使得企业在定价时可以利用消费者心理因素,有意识地将产品价格定得高些或低些,以满足消费者在生理的和心理的、物质的和精神的多方面需求。通过消费者对企业产品的偏爱或忠诚,扩大市场销售,获得最大效益。心理定价策略的基本形式有以下几种。

(一)尾数定价策略

尾数定价,又称零数定价、缺额定价,是指给物流服务定一个零头结尾的非整数价格,如一项快递服务定价 11.88 元,消费者会认为这种价格经过精确计算,购买不会吃亏,从而产生信任感。同时,价格虽离整数仅相差几分或几角钱,但给人一种低一位数的感觉,符合消费者求廉的心理愿望。

(二)整数定价策略

整数定价与尾数定价正好相反,物流企业有意识将服务定为整数,以显示物流服务具有一定的质量。整数定价多用于价格较贵的服务,以及消费者不太了解的服务,让消费者产生"一分价钱一分货"的感觉,从而有利于销售。

(三)声望定价策略

声望定价即针对消费者"便宜无好货、价高质必优"的心理,对在消费者心目中享有一定的声望、具有较高信誉的服务制定高价。如中国邮政作为中国的老牌国有企业,将 EMS 定价为 22 元;UPS 确保国际快件 3 日送达、国内快件 1 日取件的服务和品牌,使它可以凭声望定价。享受这种服务的人,往往不在乎价格,而最关心的是服务能否显示其身份和地位,价格越高,心理获得满足的程度也就越大。

(四)习惯定价策略

有些服务在长期的市场交换过程中已经形成了被消费者接受的价格,称为习惯价格。物流企业在对这类服务定价时要充分考虑消费者的习惯倾向,采用"习惯成自然"的定价策略。对消费者已经习惯了的价格,不宜轻易变动。降低价格会使消费者怀疑服务质量是否足够好;提高价格会使消费者产生不满情绪,导致购买的转移。在不得不需要提价时,应采取改换包装或品牌等措施,减少消费者的抵触心理,并引导消费者逐步形成新的习惯价格。

(五)招徕定价策略

招徕定价策略是适应消费者求廉心理,将物流服务价格定得低于一般市价,个别价格甚至低于成本,以吸引顾客、扩大销售的一种定价策略。采用这种策略,虽然几种低价服务不赚钱或最开始的一单生意不赚钱,甚至亏本,但从总的经济效益或长远效益看,由于低价服务带动了其他物流服务的销售,物流企业还是有利可图的。

(六)吉祥数字定价策略

由于受民族习惯、社会风俗、文化传统和价值观的影响,某些数字常常会被赋予一些独特的含义,如中国消费者比较青睐"9""8"等吉祥数字,物流企业在定价时如能巧妙运用,其产品将得到消费者的偏爱。

五、刺激性定价策略

刺激性定价策略显了刺激消费者的购买而采取的价格策略。主要包括拍卖式定价、团购式定价、抢购式定价、与服务未来利润增长挂钩持续回报式定价、会员积分式定价。

六、关系定价策略

对于那些与自己有长期固定关系的客户、一次性购买服务数量或品种多的客户,物流企业可以给予优惠的定价,以刺激客户多选择自己的物流服务而抵制竞争对手的物流服务。

七、价格调整策略

价格调整主要有调高和调低两种。

价格调高的原因有企业成本增加、服务供不应求等,而且从长期来看,价格也有不断上升的趋势,如果成功提价,将直接促进利润的上涨。但价格升高会引起客户、中间商的不满,导致他们转而选择其他竞争者的物流服务。只要有可能,物流企业都应该采用其他的办法来弥补成本增加和满足增加的需求而避免涨价。调高价格的方法包括明调与暗调两种方式。明调即公开涨价,在将涨价的信息传递给客户时,物流企业应避免形成价格欺诈,要通过与客户的交流互动来支持价格上涨,告诉客户为什么必须涨价,物流企业的营销人员还应帮助客户找到节省的办法。2009年中国民营快递的集体涨价就属于公开涨价。暗调是通过取消折扣、实行服务收费、减少不必要的服务项目、拆散服务等方式不露痕迹地实现变相涨价。顺丰速运2011年拟从3月7日起在北京等16个城市的部分区域收取3元的取件费(后来未执行),就属于暗涨。

在物流服务供过于求、竞争加剧导致市场占有率下降、成本下降、希望挤占竞争对手市场时,都可以考虑降价。前两者属于被迫降价,后两者属于主动降价。降价也可以分为两种,即明降和暗降。明降即公开宣布降价,暗降即通过增加增值服务、提高服务质量、增加折扣的方式,形式上虽没有降价但实际上降了价。

【项目小结】

价格是商品价值的货币表现,价格制定得合理与否,直接影响着企业的生存与发展。在市场经济的条件下,所有企业都要完成给产品定价的任务。给物流产品定价,首先要了解影响定价的因素,这些因素有成本、供求关系、市场竞争结构、竞争者的产品和价格、政府的干预程度和企业自身的状况。其次要确定定价的目标,选择定价的方法,基本方法有成本导向定价法、需求导向定价法、竞争导向定价法。最后在确定基本价格后,企业还要根据产品特点、消费心理、销售条件等,灵活运用新产品定价、心理定价、价格折扣、地理定价、差别定价等策略对基本价格修正,以保证企业定价目标的实现。

【思考与练习】

一、选择题

1. 在( )条件下,买方只能是价格的接受者,而不是价格的决定者。
   A. 垄断竞争　　B. 寡头垄断　　C. 完全竞争　　D. 纯粹垄断

2. 声望定价策略是利用消费者心目中已有的信任感来定价的一种策略,它属于( )。
   A. 心理定价策略　　　　　　B. 差别定价策略
   C. 比较定价策略　　　　　　D. 促销定价策略

3. 为鼓励顾客购买更多物品,企业给那些大量购买产品的顾客的一种减价称为( )。
   A. 功能折扣　　B. 数量折扣　　C. 季节折扣　　D. 现金折扣

4. 企业利用消费者具有仰慕名牌商品或名店声望所产生的某种心理,对质量不易鉴别的商品的定价最适宜用( )法。
   A. 尾数定价　　B. 招徕定价　　C. 声望定价　　D. 反向定价

5. 当产品市场需求富有弹性且生产成本和经营费用随着生产经营经验的增加而下降时,企业便具备了( )的可能性。
   A. 渗透定价　　B. 撇脂定价　　C. 尾数定价　　D. 招徕定价

6. 按照单位成本加上一定百分比的加成来制定产品销售价格的定价方法称为( )定价法。
   A. 成本加成　　B. 目标　　C. 认知价值　　D. 诊断

7. 在企业定价方法中,目标利润定价法属于( )。
   A. 成本导向加成法　　　　　B. 需求导向竞争法
   C. 竞争导向竞争法　　　　　D. 市场导向定价法

8. 企业在竞争对手价格没有变的情况下率先降价的策略称为( )策略。
   A. 被动降价　　B. 主动降价　　C. 撇脂定价　　D. 渗透定价

9. 非整数定价一般适用于( )的产品。
   A. 价值较高　　B. 高档　　C. 价值较低　　D. 奢侈

10. 在商业企业,很多商品的定价都不进位成整数,而保留零头,这种心理定价策略称为( )策略。
    A. 尾数定价　　B. 招徕定价　　C. 声望定价　　D. 习惯定价

二、简答题

1. 影响物流企业定价的因素主要有哪些?
2. 简述物流企业定价的流程。

3.物流企业产品定价的方法有哪些?

4.企业在什么情况下可能需要采取降价策略?

5.心理定价的基本形式有哪些?

三、案例分析

A物流公司在给某超市进行市内配送时,由于受到车辆进城作业的限制,转而寻求当地的搬家公司(B公司)提供配送车辆支持。B公司开出的价格是半天(按6小时计算)100千米以内是150元/车,而A物流公司可以接受的底线是100元/车。

A物流公司经过调查后发现,B搬家公司的作业均在上午进行,中午就结束了,这就意味着B公司的人员和车辆在下午基本都处于空闲状态,而上午的搬家作业收益已经足够支持其成本支出。而A物流公司的市内配送业务主要集中在下午进行,A公司支付给B公司的费用除去少量的燃油费作为额外成本外,其余都应该是B公司得到的额外利润。而按每辆车行驶100公里计算,燃油费不高于50元。从这个角度看,A物流公司带给B搬家公司的不仅是新增加的业务,还有实实在在的收益。

经过A公司和B公司在价格和服务方面的仔细测算,双方就90元/车的价格达成了共识。

试分析:A物流公司与B搬家公司形成价格共识的理论依据是什么?

【实训设计】

通过文献调查、深度访谈、企业实习等方式,发掘或开发一种新产品,通过营销环境分析、市场细分和目标市场定位分析等,为该新产品定位,并为该产品制定相应的价格策略,撰写策划报告。

项目六　物流分销渠道策略

【知识目标】

1. 了解物流分销渠道的定义与类型。
2. 了解物流分销渠道的选择因素。
3. 理解物流分销渠道的管理。

【技能目标】

1. 对分销渠道的模式进行选择。
2. 管理渠道中间商。
3. 设计分销渠道。

【导入案例】

警惕！阿里新零售物流"三驾马车"已狂奔在路上

盒马鲜生对于阿里更像是新零售的窗口，以此，我们可以看到阿里在新零售领域的物流尝试和做法。

耿直的盒马鲜生创始人侯毅，在2018年3月1日曾点评京东运费涨价，称根本问题在于"集中性的物流一定有个最佳规模的临界点，超过临界点之后效率降低，成本不减反增"，而新时代的物流必然是去中心化的，"盒马所有的门店都是仓库，面积更多，离消费者更近，物流作业更简洁高效。"盒马鲜生作为"新零售"企业代表，给外界的印象一直是生鲜零售领域的创新者，但从侯毅近期的一系列行为看，其所认为的行业竞争力远非此前业内所关注的供应链、获客量等行业数据和指标，更有物流领域的创新。

新零售物流的"三驾马车"：菜鸟、饿了么和盒马鲜生

侯毅的"门店仓储化"模式其实代表的是阿里在新零售物流的主要法则，即加大门店就近发货的覆盖量。在我们看来，菜鸟、饿了么和盒马鲜生分别是阿里在此布局的"三驾马车"。

在2017年以来，菜鸟一方面通过加快菜鸟联盟，加强分布式仓储的建设，在提高效率，降低成本方面已经初见成效，如天猫超市在全国建设数百个前置仓，实现了60分钟快速送达；另

一方面，我们也看到菜鸟通过与品牌商门店合作，释放去中心化物流的优势，如与屈臣氏合作，上海、广州、深圳、杭州、东莞5个城市的消费者在该天猫旗舰店购物时，菜鸟将根据消费者的收货地址，定位附近3千米以内的屈臣氏门店，直接将门店内商品送至消费者手中。2018年合作的城市和门店将进一步扩大，截至2018年3月，屈臣氏与天猫合作的"定时送"服务可覆盖全国超过10个城市。除此之外，以安踏为例，根据阿里方面所披露的信息，截至2018年3月，已经有数千家天猫旗舰店接入菜鸟系统，将门店发货作为近期重要工作开展。

门店发货的优势我们自不必赘述，门店前置仓覆盖3千米范围，其不仅节省了仓储物流成本，且由于高速配送提高了品牌认可度。

自2017年8月以来，关于阿里收购饿了么的消息甚嚣尘上，饿了么虽然以外卖为主，但近期却在进行大规模的物流输出工作。目前，屈臣氏已经将一、二线城市的门店配送工作交给饿了么为代表的外卖公司负责，即屈臣氏在一、二线城市自有渠道订单，通过饿了么来配送和消化。

根据屈臣氏方面提供信息：屈臣氏自有电商平台，包括屈臣氏莴笋及屈臣氏中国APP"闪电送"服务截至2017年年底已覆盖全国超过300个城市、3 000家店铺，实现2小时快速配送。这意味着，饿了么本质上已经不单单是一家外贸公司，而是基于本地生活配送的物流企业。

接下来，无论阿里是否对饿了么进行全资收购，做为大股东的阿里对饿了么在物流领域的定位基本是清晰的：本地生活配送的主力服务领域也将从现有的超市、医药、外卖扩张至全品类。

对于饿了么而言，此定位也是有极大优势，外卖日订单在1 000万以上，可保证基本的配送规模，也是物流输出的重要前提条件。

盒马鲜生在物流领域的创新点主要为：

（1）门店配送，3千米半小时，门店即为前置仓，2018年盒马鲜生要加快门店布局，我们为此采访盒马鲜生方面，对方曾表示仅在北京五环内将会有40～50家，覆盖范围进一步放大，门店的规模优势将得到体现。

（2）通过对物流环节的调整，如包装材料的二次利用，降低成本，传统生鲜的配送成本大概为15～20元/单，盒马鲜生要远低于同行。

当然，如若将饿了么接入盒马鲜生配送，成本还将继续降低。

相较于传统中央仓储的物流配送，新零售物流在乎调动区域性的物流资源，综上来看，菜鸟调动的是天猫和区域性分散的仓储物流资源，饿了么则是将区域性门店资源纳入配送体系，无论其是否接入阿里原有零售体系，盒马鲜生则是主攻生鲜配送领域，将传统物流最难攻关项目，通过分布的线下门店，进行合理化解决。

2018年激活线下零售活力仍是阿里物流重点

自2016年以来，阿里在线下零售领域布局极大，入股区域化零售巨头三江购物、高鑫零售、新华都，与银泰也进行全面融合，2017年我们也可以看到阿里与线下零售的一些业务尝试，也取得了一定成绩，得益于阿里巴巴带来的新零售改造快速深入，在高鑫零售的2017年全年业绩中营业额升至人民币1 023.2亿元，全年利润激增14.9%。

在我们看来，2018年阿里对线下零售的改造将全面启动，其主要分为：

(1)流量和数字化改造的全面进行,如高鑫零售的实体店数字化改造于2018年3月开展,从3月开始,门店将接入手淘,通过手淘降低门店的获客成本,提高流量,最重要是提高门店的运营边界;

(2)物流和业务的协同支持,新华都与盒马鲜生的第一家联营门店于2018年2月开业,其中盒马鲜生负责软件架构以及流量支持,并把控整个业务品质,新华都提供基础人才招聘和管理,以及供应链的合作。

根据以上分析,在与传统零售企业的合作中,阿里方面通过门店的数字化改造来改变零售商们的业务经营形态,扩展服务范围,这是阿里新零售的顶层架构,但在具体业务合作中,零售商更是借阿里的物流能力来获得新的增长点。

以生鲜领域为例,就目前情况而言,生鲜和食品领域是传统零售行业最突出的两大增长点,原因在于该领域对物流要求较高,门店优势相对明显,但我们也同时发现生鲜的毛利相对较低(基本在15%左右),其原因是仓储成本,生鲜对物流和仓储要求较高、耗损较大成为零售企业转型一大障碍。

盒马鲜生之所以能够跑通,其在物流领域的创新功不可没,不仅有门店发货提高效率,且有阿里流量的支持,盒马鲜生的运营范围从门店延伸至3千米范围,我们在采访盒马鲜生时,对方也多次表示线上订单占比均在60%以上。

线上占比大,可提高生鲜产品的周转率,降低损耗,门店的优势得到根本性的提升。随着新华都与盒马鲜生的联营店的开业,接下来阿里对线下门店的全面赋能将正式拉开大幕。

随着新零售工作的持续深入,阿里"三驾马车"的优势将不断体现,我们也期望能激活更加丰富的物流形态。

请思考以下问题:

1. 建立营销渠道策略有自行建立直销服务网络、借用他人服务营销网络和建立营销战略联盟,阿里的营销渠道策略是什么?
2. 阿里的渠道策略符合"渠道为王"的观点吗?
3. 你认同阿里选择渠道成员的方式吗?

任务一 物流分销渠道概述

物流企业将物流服务提供给消费者消费的过程中要经历一系列相互依存的中间环节(包括企业和个人),由这些中间环节形成的通道,就是物流分销渠道。物流分销渠道成员包括运输企业、货主、仓库、货运站场配送中心、物流企业、各种代理商(如货运代理、船舶代理、报关报检代理、集装箱代理、转运代理等)、揽货点等,起点是物流供应商,终点是物流最终消费者。

一、物流企业分销渠道的概念

关于分销渠道的定义很多,在分销渠道理论中,分销渠道是指促使产品或服务顺利地从制造商转移给消费者使用或消费的一系列相互依赖的组织。这种定义在渠道理论中使用得比较广泛。如斯特恩等美国学者给分销渠道所下的定义如下。

分销渠道:一系列相互依赖的组织,他们致力于促使一项产品或服务能够被使用或消费这一过程。分销渠道是由制造商、批发商、代理商、零售商和消费者等相互独立的渠道成员所构成的一个网络系统。其主要是在适当的时间、地点,以适当的价格、数量和质量把产品或服务提供给目标市场,以满足消费者的需求。

物流通常是指物品从供应地向目的地的实体流动过程。物流企业主要是通过提供各种服务促进物品实体的流动,以满足客户的需要。因此,物流企业分销渠道是指为促使物品从供应地向目的地转移过程中所提供物流服务的一系列相互依赖的组织。参与物流企业的分销渠道成员众多,包括水路、铁路、公路、航空运输公司等运输企业,车站、港口、码头、机场、集装箱、货运站、物品托运站等站场组织,航运代理、货运代理、航空代理、物品装卸代理、物品报关代理、储存代理、集装箱代理、转运代理等代理商。物流分销渠道实质上是以某家物流企业为核心的一个网络系统,参与的成员是一个个独立的组织,要使整个系统能有效运转,这家物流企业需要进行跨组织管理。物流分销渠道的基本模式如图6-1所示。

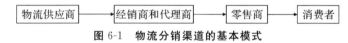

图 6-1 物流分销渠道的基本模式

二、物流企业分销渠道的类型

物流企业的分销渠道可以依据不同的标准划分为不同的类型,常见的主要有以下几种类型。

(一)直接渠道与间接渠道

一般而言,物流市场营销以直销的形式最为普遍,而且渠道也最短。但也有一些物流企业采用一个或多个中介机构的销售渠道,因此,直销并不是唯一的分销渠道。

直接渠道:物流企业直接将服务产品销售给客户,无须中间商参与。

直接渠道是最适合物流服务产品的配送形式。当物流企业选择直销渠道时,往往是为了获得某些特殊的营销优势。

这些优势表现为以下几方面:

(1)可以对物流服务的过程保持较好的控制。若经由中介机构处理,往往可能造成失控的局面。

(2)可以为客户提供个性化的服务。针对每一个客户的不同需求,提供有针对性的解决方案,这对于物流企业来说尤其重要。

(3)可以及时、直接地反馈客户当前的需求及以后的需求变化,并且了解竞争对手的相关信息。

(4)可以减少佣金折扣,便于企业控制服务价格。

现代物流企业采用直接渠道模式,主要是通过推销人员、广告、电话等拓展业务,目前由于互联网的迅速发展,物流企业又都纷纷利用这一先进的媒介推广服务。例如,美国的联邦快递公司(FedEx)在1995年开通网站,可以使客户实时提交业务、跟踪运输情况、得知抵达时间等。

间接渠道:物流企业通过一些中间商来向客户销售物流服务的渠道类型。采用间接渠道关键是要选择物流中间商即代理商。代理商是指接受物流企业或客户的委托从事物流服务购销代理业务的中间商。代理商只在物流企业与客户之间起媒介作用,通过提供服务来促成交易并从中赚取佣金。尽管作用有限,但是对于物流企业而言,采用代理商仍然可以获得以下好处:

(1)比直接销售投资更少,减少企业的投资风险。
(2)代理商可以满足某一地区或某一细分市场的客户的特殊要求。
(3)有利于物流企业扩大市场覆盖面,提高市场占有率。
(4)可以延伸信息触角,拓宽信息来源。

(二)短渠道与长渠道

一般来说,分销渠道的长度按渠道层次或渠道环节的多少来划分。

渠道层次:将物品从供应地向目的地转移过程中承担若干工作的每一层营销中间渠道。通常用中间机构的层次数目来表示渠道的长度。零层渠道中没有中间机构介入,由企业直接为客户提供服务。一层渠道中只包含了一个中间层;二层渠道中包含了两个中间层,也就是有两个中间环节。一般来说,中间环节越少,渠道就越短,相反,中间环节越多,则渠道越长。通常,把一层渠道称为短渠道,把多层渠道称为长渠道。从物流企业角度来看,渠道层次越多,物流企业对渠道成员的控制力越弱,物品的流动也越缓慢,毛利也被逐层分割。

(三)宽渠道与窄渠道

按照渠道中每个层次使用中间商数量的多少,可分为宽渠道和窄渠道两种类型。如果选择较多的中间商来提供物流服务,那么这种分销渠道称为宽渠道;反之,则称为窄渠道。通常,物流企业在为一些生产资料少、专业性强、高价值的物品转移提供服务时,适宜采用窄渠道模式。

分销渠道的宽度选择与物流企业的分销渠道策略息息相关,物流企业的分销渠道策略主要有以下三种类型。

1. 密集型分销策略

密集型分销策略是指物流企业使用尽可能多的中间商来完成物流活动。这是一种宽渠道分销策略,可以扩大市场覆盖面,方便客户随时随地办理物流业务,但是由于物流企业要与众多的中间商接触,会增加渠道成本,同时物流企业与中间商的关系相对松散。如果客户非常重视便利性,物流企业宜使用密集型分销策略。

2. 选择型分销策略

选择型分销策略是指物流企业精心挑选一些中间商从事分销活动。在使用这种分销策略时,物流企业从许多愿意从事分销业务的中间商中,按照一定标准选择一部分中间商与之合作。选择型分销使物流企业避免与无利可图的中间商打交道,可以与少数中间商建立良好的合作关系;与密集型分销相比,选择型分销则有较强的渠道控制力和更低的渠道成本;与独家分销相比,选择型分销可以使物流企业获得足够的市场覆盖面。由于选择型分销策略具有以上优点,所以许多物流企业都采用选择型分销策略。

3. 独家分销策略

独家分销策略是指物流企业在某一地区只选择一家最合适的中间商为本企业推销产品和组织货源。

这是一种窄渠道分销策略。通常双方会签订独家分销合同,规定物流企业在该地区内只能使用该中间商独家分销,同时中间商也不得为竞争者提供服务。独家分销需要物流企业与中间商之间的紧密合作。独家分销有助于提高企业形象,调动中间商的积极性,并为形成合作伙伴关系奠定基础。但是,独家分销也存在一定的风险,物流企业对中间商的依赖性较大,鉴于物流的特点,多数物流企业不宜使用独家分销策略。

三、中间商和代理商

(一)中间商

中间商是分销渠道里的中间环节,指专门为物流企业组织货源、承揽某一个或多个物流环节业务或为供需双方提供中介服务的机构。一般可以分为以下两种:

(1)自己拥有港口、码头、机场、铁路、集装箱货运站和货物托运站等设施,并以经营该类设施谋取利益的组织。

(2)货运代理商:是游离于发货人、收货人、承运人之间的中间人,如订舱揽货代理、货物装卸代理、货物报关代理、理货代理、储藏代理、集装箱代理、转运代理等。

(二)代理商

物流代理商指物流渠道中的专业化物流中间人,以签订合同的方式,在一定时间内,为其他公司提供的所有或某些方面的物流业务服务。狭义的物流代理专指本身没有固定资产但仍承接物流业务,借助外界力量,负责代替发货人完成整个物流过程的一种物流管理方式。从广义的角度看,物流代理包括一切物流活动,以及发货人可以从专业物流代理商处得到的其他一些价值增值服务。提供这一服务是以发货人和物流代理商之间的正式合同为条件的。这一合同明确规定了服务费用、期限及相互责任等事项。

1. 代理商的分类

(1)以委托代理人数量分类。

1)独家代理商:指物流企业授予一个代理人在特定的区域或者特定的运输方式或服务类型下,独家代理其物流业务。

2)普通代理商:又称多家代理商,它是指物流企业在特定区域或者特定运输方式或服务类型下,同时委托多个代理人代理其物流业务。

(2)以授予代理人权限范围分类。

1)全权代理商:指物流企业委托代理人办理某项或全部物流业务,并授权其根据物流企业意志灵活处理相关事宜。

2)一般代理商:指物流企业委托代理人办理某项具体物流业务,要求其根据物流企业意志处理相关事宜。

(3)以运输方式为标准分类。

1)水运代理商:指提供水上货物运输服务的代理商,指在合法的授权范围内接受货主的委托并代表货主办理有关海运货物的报关、交接、仓储、调拨、检验、包装、装箱、转运、订舱等业务的人。具体可划分为海运代理商和河运代理商两种类型。

2)空运代理商:指提供航空货物运输服务的代理商。如在货物始发站机场提供的揽货、接货、订舱、制单、报关和交运等;在货物目的站机场提供的接货接单、制单、报关、送货或转运等业务。

3)陆运代理商:指提供公路、铁路等货物运输服务的代理商。

4)联运代理商:指提供联合运输服务的代理商。

(4)以代理业务的内容分类。

1)装卸代理商:指接受经营人或承租人的委托,在授权范围内代表委托人办理货物装卸有关的业务,提供有关服务,并收取服务报酬的代理。

2)理货代理商:指接受经营人或承租人的委托,在授权范围内代表委托人办理理货有关的业务,提供有关服务,并收取服务报酬的代理。

3)储藏代理商:指接受经营人或承租人的委托,在授权范围内代表委托人办理货物储藏有关的业务,提供有关服务,并收取服务报酬的代理。

4)集装箱代理商:指接受经营人或承租人的委托,在授权范围内代表委托人办理集装箱有关的业务,提供有关服务,并收取服务报酬的代理。

5)转运代理商:指接受经营人或承租人的委托,在授权范围内代表委托人办理货物转运有关的业务,提供有关服务,并收取服务报酬的代理。

6)船舶代理商:指接受船舶所有人、经营人或承租人的委托,在授权范围内代表委托人办理船舶运输有关的业务,提供有关服务,并收取服务报酬的代理。

7)报关代理商:指接受进出口货物收发货人或国际运输企业的委托,代为办理进出口货物报关、纳税、结关事宜,并收取服务报酬的代理。

任务二 物流分销渠道的选择

物流企业要建立分销渠道,需要花费大量的营销努力和投资,一旦建立,在短期内则很难改变,分销渠道对物流企业营销活动会产生一定的影响,因此,物流企业要重视分销渠道的设计与管理。在物流营销中,物流企业应该对渠道进行合理的设计和有效的管理,以便为客户提供方便快捷的物流服务,满足客户需要,赢得竞争优势。

一、物流企业分销渠道选择的因素

影响分销渠道选择的因素很多。物流企业在选择分销渠道时,必须对下列几方面的因素进行系统地分析和判断,才能作出合理的选择。

(一)产品因素

1. 产品价格

一般来说,产品单价越高,越应注意减少流通环节,否则会造成销售价格的提高,从而影响销路,这对生产企业和消费者都不利。而单价较低、市场较广的产品,则通常采用多环节的间接分销渠道。

2. 产品的新颖程度

为尽快地把新产品投入市场,扩大销路,物流企业一般重视组织自己的推销队伍,直接与消费者见面,推介新产品和收集用户意见。如能取得中间商的良好合作,也可考虑采用间接销售形式。

(二)市场因素

1. 消费者的分布

物流产品消费地区比较集中,适合直接销售;反之,适合间接销售。外地用户较为分散,通过间接销售较为合适。

2. 潜在顾客的数量

若消费者的潜在需求多,市场范围大,需要中间商提供服务来满足消费者的需求,宜选择间接分销渠道。若潜在需求少,市场范围小,物流企业可直接销售。

(三)生产企业本身的因素

1. 资金能力

物流企业本身资金雄厚,则可自由选择分销渠道,可建立自己的销售网点,采用产销合一的经营方式,也可以选择间接分销渠道。企业资金薄弱则必须依赖中间商进行销售和提供服务,只能选择间接分销渠道。

2. 销售能力

物流企业在销售力量、储存能力和销售经验等方面具备较好的条件,则应选择直接分销渠道;反之,则必须借助中间商,选择间接分销渠道。另外,物流企业如能和中间商进行良好的合作,或对中间商能进行有效的控制,则可选择间接分销渠道。若中间商不能很好地合作或不可靠,将影响物流产品的市场开拓和经济效益,则不如进行直接销售。

3. 可能提供的服务水平

中间商通常希望物流企业能尽可能多地提供广告、展览、培训等服务项目,为销售产品创造条件。若物流企业无意或无力满足这方面的要求,就难以达成协议,迫使物流企业自行销售;反之,提供的服务水平高,中间商则乐于销售该产品,物流企业则选择间接分销渠道。

(四)经济收益

不同分销途径经济收益的大小也是影响选择分销渠道的一个重要因素。对于经济收益的

分析,主要考虑的是成本、利润和销售量三方面的因素。具体分析如下:

1. 销售费用

销售费用是指产品在销售过程中发生的费用。它包括运输费、广告宣传费、陈列展览费、销售机构经费、代销网点和代销人员手续费、产品销售后的服务支出等。一般情况下,减少流通环节可降低销售费用,但减少流通环节的程度要综合考虑,做到既节约销售费用,又要有利于经济合理的要求。

2. 价格分析

(1)在价格相同的条件下,进行经济效益的比较。若直接销售量大于间接销售量,而且所增加的销售利润大于所增加的销售费用,则选择直接销售有利;反之,选择间接销售。

(2)当价格不同时,进行经济收益的比较。选择什么样的分销渠道可以通过计算两种分销渠道的盈亏临界点作为选择的依据。当销售量大于盈亏临界点的数量,选择直接分销渠道;反之,则选择间接分销渠道。在销售量不同时,则要分别计算直接分销渠道和间接分销渠道的利润,并进行比较,一般选择获利的分销渠道。

(五)中间商的特性

各类中间商的实力、特点不同,诸如广告、运输、储存、人员、服务方面具有不同的特点,从而影响物流企业对分销渠道的选择。

1. 中间商的数目

按中间商的数目不同,可选择密集分销、选择分销、独家分销。

2. 消费者的购买数量

如果消费者购买数量少、次数多,可采用长渠道;反之,购买数量多、次数少,则可采用短渠道。

3. 竞争者状况

当市场竞争不激烈时,可采用同竞争者类似的分销渠道;反之,则采用与竞争者不同的分销渠道。

(六)政策规定

物流企业选择分销渠道必须符合国家有关政策和法令的规定。另外,如税收政策、价格政策等,也都影响分销途径的选择。

二、分销渠道设计的步骤

分销渠道设计是指建立以前从未存在过的分销渠道或对已经存在的渠道进行变更的营销活动。分销渠道设计包括以下步骤。

(一)分析服务产出水平

渠道服务产出水平是指渠道策略对顾客购买物流产品和相关服务问题的解决程度。这是设计分销渠道的第一步,主要目的是为了了解目标市场的顾客在什么时间、什么地点、购买什

么物流产品,以及为什么购买和如何购买。影响分销渠道服务产出水平的因素有以下几项:

(1)购买批量,指顾客每次购买物流产品的数量。

(2)等候时间,指顾客在订货或现场决定购买后,一直到拿到货物的平均等待时间。

(3)便利程度,指分销渠道为顾客购买商品提供的方便程度。

(4)选择范围,指分销渠道提供给顾客的物流产品的品种数量。

(5)售后服务,指分销渠道为顾客提供的各种附加服务。分销渠道的设计者必须了解目标顾客的服务产出需要,才能设计出较适合的渠道。一般情况下,较高的服务产出水平也意味着渠道成本的增加和相对较高的价格。

(二)设置分销渠道目标

分销渠道目标应表述为物流企业预期达到的顾客服务水平(何时、何处、如何对目标顾客提供产品和实现服务)以及中间商应执行的职能。无论是创建渠道,还是对原有渠道进行变更,设计者都必须将物流企业的渠道设计目标明确地列出来。分销渠道目标因物流产品特性不同而有差异,分销渠道策略作为物流企业整体营销策略的一个组成部分,在制定目标时应与整体营销目标相吻合。

(三)确定渠道结构方案

在明确了分销渠道目标以后,设计者需要将任务合理分配到不同的中间商,以发挥最大的作用。一般来说,一个物流企业渠道结构方案应该包括以下要素:

1. 分销渠道的长度策略

分销渠道的长度指物流产品分销所经中间环节的多少及渠道层级的多少。如果物流产品从物流企业直接到达客户,称其为短渠道;如果物流产品要经过代理商、零售商等多种环节才能到达客户,称其为长渠道。不同的渠道有各自的优劣势和适用范围。物流企业在进行渠道长度的决策时,应综合考虑自身的实力、经营范围、市场规模、客户的需求水平和中间商的特点。

2. 分销渠道的宽度策略

分销渠道的宽度是指物流企业在每个渠道层级上并列地使用多少个中间商。宽度策略的选择主要有以下3种方式:

(1)独家分销。独家分销是指在一定地区,一定时间内只选择一家中间商经销或代理,授予对方独家经营权。这是最窄的一种分销渠道形式。

(2)广泛分销。广泛分销又称为密集性分销,即利用尽可能多的中间商从事物流产品的分销,促使销售网络的扩大。

(3)选择性分销。选择性分销,即在一定市场上选择部分中间商销售物流企业的产品。这是介于独家分销和广泛分销之间的一种分销形式。

3. 明确渠道成员的权利和责任

物流企业在确定了分销渠道的长度和宽度策略后,还需要明确渠道成员的权利和责任,其中包括各渠道成员应该遵守的价格政策、销售条件、质量的保证、地区权利以及佣金结算的方式等。

(1)价格政策:物流企业通常根据制订出的价目表和折扣明细表,对不同类型的中间商及其任务完成情况,按制定的标准给予一定的价格折扣或优惠条件。例如,海运企业一般给代理商代理订舱数量一定比例的订舱佣金,如2.5%,3.75%,4.25%,5%,7.5%等。

(2)销售条件:对于提早付款或按时付款的中间商,企业可以根据付款时间给予不同的折扣。

(3)中间商地区权利:物流企业应当对中间商的地区权利要求明确,中间商关心在同一地区或相邻地区物流企业有多少中间商和物流企业给予其他中间商的特许经营范围。

(四)对渠道设计方案进行评估

物流企业在设计了若干个分销渠道方案后,还需要对各个方案进行评估,以选择能够满足物流企业长远发展的最佳方案。评估方案的方法有很多,如加权积分法、管理科学方法、储运成本法、财务信息分析法等。对渠道设计方案进行评估从本质上说是从多个方案中选择能够最大限度与物流企业战略目标相吻合的方案。

分销渠道是贯穿于物流企业与消费者之间的桥梁。物流公司如何建立合理的、经济的渠道依旧是现代探索的课题。但不难看出物流企业渠道建设的变化趋势、物流企业的建设中心逐渐由中间商向消费者转变。直接与消费者接触,既方便控制,又能赢得最大利润。

任务三 物流分销渠道的管理

企业在进行渠道设计并选定了渠道方案后,就开始实施渠道方案,并加强渠道的管理工作。渠道管理的主要工作有选择中间商,在分销渠道投入运行后对中间商进行评估、激励,以及对渠道系统进行调整等。

一、物流企业的分销渠道系统

物流企业的分销渠道系统是渠道成员之间形成的相互联系的统一体系,这一体系的形成是物流运作一体化的产物。目前,物流企业的分销渠道系统大体有以下几种结构。

(一)垂直营销系统

垂直营销系统是指由物流企业及其代理商所组成的一种统一的联合体。这一联合体由有实力的物流企业统一支配、集中管理,有利于控制渠道各方的行动,消除渠道成员为追求利益而造成的冲突,进而提高成员各方的效益。垂直营销系统主要有公司式、契约式和管理式。

1. 公司式垂直营销系统

公司式垂直营销系统是在一家物流企业拥有属于自己的渠道成员,并进行统一管理和控制的营销渠道系统。在这个系统中,通过正规的组织进行渠道成员间的合作与冲突控制。中国储运总公司在推行现代企业制度过程中,建立了以资产为纽带的母子公司体制,理顺了产权关系,其所属64个仓库在全国各大经济圈中心和港口,形成了覆盖全国、紧密相连的庞大网络,成为其跻身物流服务市场的强大基础。由于同属一个资本系统,公司式的营销系统中渠道各成员的结合最为紧密,物流企业对分销的控制程度也最高。

2. 契约式垂直营销系统

契约式垂直营销系统是指为了取得单独经营时所不能得到的经济利益或销售效果,物流企业与渠道成员之间以契约形式的营销系统。这一系统的紧密程度要逊于公司式。

3. 管理式垂直营销系统

管理式垂直营销系统是指不通过共同所有权或契约,而是以渠道中规模大、实力强大的物流企业来统一协调物流服务销售过程中渠道成员各方利益的营销系统。

(二)水平营销系统

水平营销系统是由两个或两个以上的物流企业联合,利用各自的资金、技术、运力或线路等优势共同开发和利用物流市场机会,以提高物流效率,获得整体上的规模效益。

(三)多渠道营销系统

多渠道营销系统是指一个物流企业建立两条或两条以上的营销渠道,以占领更多的顾客细分市场。通过多渠道系统,物流企业可以有效扩大国际市场份额;提高传递和共享国际市场信息的能力;降低分销成本;加强企业渠道控制力。另一方面,多渠道营销也有可能产生渠道冲突。因此,物流企业实行多渠道营销必须加强渠道的控制和协调,促使多渠道营销系统健康发展。

(四)网络化营销系统

网络化物流营销系统是指垂直营销系统与水平营销系统的综合体。当某一企业物流系统的某个环节同时又是其他物流系统的组成部分时,以物流为联系的企业关系就会形成一个网络关系,即物流网络。这是一个开放的系统,企业可自由加入或退出,尤其在业务最忙的季节最有可能利用到这个系统。物流网络能发挥规模经济作用的条件就是物流运作的标准化、模块化。

二、渠道成员的选择

物流企业根据自己的服务特点、潜在客户的分布、企业的实力及市场目标战略等因素确定了合适的渠道模式以后,就面临一个如何选择优秀的中间商的问题。中间商的选择关系到企业营销政策的贯彻、销售投入的有效利用及品牌的市场声誉。对于将成为企业战略伙伴的渠道中间商的选择的意义相当重大,如果选择不当,可能引起资源投资的失误;如果选择得当,则可以锦上添花。

(一)物流企业渠道成员选择的原则

1. 进入目标市场原则

这是选择经销商最基本的原则。构建渠道网络就是要让物流企业的服务产品及时、快速地进入目标市场,让客户便利地接受服务。因此企业应分析服务产品的潜在客户及其需要的服务类型,以方便客户为原则来选择中间商。

2. 形象匹配原则

物流企业中间商的形象必然代表着企业的形象,因此,应该重视中间商在目标市场中的企业形象问题,即关注中间商能否代表物流企业向客户提供一流的、高品质的服务,是否具有较高的声望。已经拥有较强实力的物流企业在选择中间商时,尤其要重点考察其形象是否与本企业相匹配;而对于实力不太强,或者还未建立起良好形象的物流企业而言,如果能选择一个声望良好的中间商,则可以提升本企业的品牌形象。比如,一些国外的物流公司在最初进入中国市场时,都选择中国比较有实力并且声誉好的物流集团合作,以迅速得到内地客户的认可。

3. 突出核心服务原则

物流企业与中间商合作,向客户提供诸如运输、仓储、配送等多种物流服务,但是多数物流企业会拥有一项或几项比较核心的业务。这些核心的业务代表着企业的核心竞争能力,在这些业务上企业最具竞争优势。因此,物流企业在选择中间商时,应重点考察其是否有利于突出企业的核心业务。

4. 同舟共济原则

这是在实际操作中最难实现的原则,但的确很重要。一些中间商因自身利益驱动,当发现合作不能为其带来盈利或盈利较少时,就马上解除合约。对于物流企业来讲,原来给予中间商的支持和投入就会付诸东流,中间商所在的市场也会丢失。所以在选择中间商时一定要充分了解其合作的意愿和动机,主动争取中间商的合作与理解,力求同舟共济。

(二)物流企业渠道成员选择的标准

不同的物流企业应根据自己的实际情况,建立适合本企业发展需求的渠道成员选择的标准。不少学者从不同的角度对其进行了分析,其中以罗杰·潘格勒姆的标准最综合、最具有影响力,因此,下面重点介绍罗杰·潘格勒姆提出的10项比较重要的标准。

(1)信用与财务状况。这是判断选择一个有潜力的渠道经销商的最常采用的标准之一。

(2)销售能力。最常用的检测经销商销售能力的指标是销售人员的素质、技术能力及实际雇用的销售人员的人数。

(3)产品线。制造商通常考虑经销商产品线的四方面:尽可能避免使用销售竞争者产品的经销商;接受销售与自己产品相同产品的经销商;鼓励经营补充性产品的经销商;寻找经营比自己产品同质或更好的产品的经销商。

(4)声誉。如果经销商的声誉不能够达到制造商对于其产品所定位的标准,制造商应对于该经销商予以否定。

(5)市场覆盖范围。经销商的销售能力应该与制造商所预期的地理范围相适应。

(6)销售业绩。制造商根据潜在的经销商的往年销售业绩数据获得其销售能力的第一手资料。

(7)管理的连续性。经销商的管理层人员更换频繁,经营政策经常变化对于产品的推广和销售是极其不利的。

(8)管理能力。良好的销售队伍是良好的管理的标志。

(9)态度。经销商的态度关系到经营的成败,主要指经销商的进取心、信心和热情。

(10)规模。在通常情况下,经销商规模越大就有更多的销售人员,更好的办公条件和更强的抗风险能力,成功和盈利的可能性就大。

罗杰·潘格勒姆提出的这些标准不是在所有的情况下对所有的物流企业都适用,有些企业需要突出某些标准,而对于另一些企业,则可能突出另一些标准。这些评估标准可以帮助企业理清在选择渠道成员时所要考虑的许多关键因素。

三、渠道成员的激励

中间商选定之后,还需要进行日常的监督和激励,使之不断提高业务经营水平。必须指出,由于中间商与生产商所处的地位不同、考虑问题的角度不同,所以必然会产生矛盾。如何处理好产销矛盾是一个经常存在的问题。物流企业要善于从对方的角度考虑问题,要知道中间商不是受雇于自己,而是一个独立的经营者,有其自己的目标、利益和策略。物流企业必须尽量避免激励过分和激励不足两种情况发生。一般来讲,对中间商的基本激励水平,应以交易关系组合为基础。如果对中间商激励不足,则物流企业可采取两条措施:一是提高中间商的毛利率、放宽信用条件或改变交易关系组合,使之有利于中间商;二是采取人为的方法来刺激中间商,使之付出更大的努力。处理好生产商和中间商的关系非常重要。通常根据不同情况可采取三种方案:

(一)与中间商建立合作关系

一方面,物流企业用促销因素给中间商以高利润、特殊优惠待遇、合作推销折让、销售竞赛等,以激励他们的推销热情和工作。另一方面,物流企业对表现不佳或工作消极的中间商则降低利润率,推迟装运或终止合作关系。但这些方法的缺点在于,物流企业在不了解中间商的需要、他们的长处和短处以及存在问题的情况下,而试图以各种手段去激励他们的工作,自然难以收到预期的效果。

(二)与中间商建立一种合伙关系,达成一种协议

物流企业明确自己应该为中间商做些什么,也让中间商明确自己的责任,如市场覆盖面和市场潜量,以及应提供的咨询服务和市场信息。企业根据协议的执行情况对中间商支付报酬。

(三)分销规划

这是一种最先进的办法,它是一种把物流企业和中间商的需要融为一体的、有计划的、有专门管理的纵向营销系统。物流企业在其市场营销部门中设立一个分部,专门负责管理同中间商关系的规划,其任务主要是了解中间商的需要和问题,并作出经营规划以帮助中间商实现最佳经营,双方可共同规划营销工作,如共同确定销售目标、培训计划、广告和营业推广的方案等。

总之,企业对中间商应当贯彻"利益均沾、风险分担"的原则,尽力使中间商与自己站在同一立场,作为分销渠道的一员来考虑问题,而不要使他们站在对立的买方市场。只有双方密切合作,才能共同做好营销工作。

四、对渠道成员绩效的评价

物流企业在对渠道成员进行激励以后,还需要定期检查中间商的工作业绩,对那些业绩良好的中间商采取相应的激励措施,对业绩不佳的中间商进行分析、诊断,直至将较差的中间商淘汰。

(一)物流企业评价中间商的方法

1. 历史比较法

历史比较法指将每一中间商的销售绩效与上期绩效进行比较,并以整个群体的升降百分比作为评价标准。对低于该群体平均水平以下的中间商,必须加强评估与激励措施。如果对后进中间商的环境因素加以调查,可能会发现一些可以原谅的因素,如当地经济衰退,某些顾客不可避免地失去,主力推销员的丧失等。其中某些因素可以在下一期补救过来。这样一来,物流企业就不应因这一因素而对经销商采取任何惩罚措施。

2. 区域内比较法

区域内比较法指将各中间商的绩效与该地区的销售潜量分析所设立的定额相比较。在销售期过后,根据中间商的实际销售额与潜在销售额的比率,将各中间商按先后名次进行排列。这样一来,企业的调查与激励措施可以集中于那些没有达到既定比例的中间商。

(二)对中间商评估的标准

对中间商评估的标准主要有以下几点:①销售量;②开辟新的业务;③承担责任的情况;④销售金额;⑤为推动销售而投入的资源;⑥市场信息的反馈;⑦向大众介绍产品的情况;⑧向客户提供服务的情况。下面就服务分配质量评价和渠道财务绩效评价两个方面进行详细的介绍。

1. 服务分配质量评价

物流服务分配质量的高低取决于分销渠道成员对客户需求满足的及时程度。制造业的企业对客户需求的及时反应,关系到厂商能否及时满足客户的需求,已经成为制造商不可缺少的核心竞争力。在供应链中承担着连接制造商与客户作用的物流企业,必须以提供服务的及时性作为评价的重要标准。评价物流服务的及时性,可以考察服务的三方面工作。

(1)物流渠道成员是否具有柔性系统,即渠道成员能在对客户的需求做出快速反应的同时,还具有高度的弹性。

(2)协同供应链的各个企业实现最小库存,既维持企业能够满足客户需求及时做出反应的客观要求,又使库存成本维持较低水平,在两者之间找到合理的平衡点。

(3)优化运输。国外研究表明商品被运输到客户手中之前,运输成本占商品总成本的比例可能达到10%左右,如果缺乏优化控制,没有合理设计运输路径,就会造成运输成本的大幅上升。而运输是物流企业的重要服务内容,因此,物流企业应制订并实施高效的运输解决方案。

例如,美国联邦快递公司将总部设在孟菲斯市,而没有选择纽约、芝加哥等大城市,主要原因就是考虑到其运输成本能够更合理的优化,同时又不会降低服务质量。因此,制订合理的运输批量、选择经济合理的运输路径和方案,能够节约运输成本,进行全面的质量控制,建立自己的竞争优势。

2.物流服务的渠道财务绩效评价

物流企业渠道的管理人员可以通过财务指标对渠道的绩效进行评价。一般可以从市场占有率、渠道费用、销售等方面进行评价。市场占有率是分析物流企业经营状况的重要指标。根据美国权威机构的研究结果,在许多行业中市场占有率都与企业的利润成正比。因此,物流企业在进行渠道绩效评估时,也应考察市场占有率指标。另外,渠道费用的多少也是考核服务企业渠道的重要指标。渠道费用是指在渠道开发、维护、发展等过程中所发生的一切费用,它的大小以及各种费用的比例关系,直接关系到渠道成员的利润。从总量上来看,渠道费用与销售额应保持一个合理的比例关系。最后,是关于渠道盈利能力的分析,这方面的评价主要是通过销售利润和费用利润率的指标来反映。物流企业按照这两方面的内容对渠道成员进行具体评价。评价方法可由物流企业的市场部门进行,也可以由专业的评价公司进行;评价的时间可依具体情况分为月度评价、季度评价和年度评价,而年度评价启动的指标体系最为完善;根据评价的结果,要对渠道成员进行分级,分级的确定要公平、公正、准确。

五、分销渠道的调整

物流企业在设计了一个良好的分销渠道后不能放任其自由运行而不采取任何纠正措施。为了适应企业营销环境等的变化,必须对分销渠道在评价的基础上加以修正和改进。

(一)分销渠道调整的原因

1.现有分销渠道未达到发展的总体要求

企业发展战略的实现必须借助于企业的分销能力,如果现有的分销渠道在设计上有误,中间商选择不当,在分销渠道管理上不足,均会促使企业对之进行调整。

2.客观经济条件发生了变化

当初设计的分销渠道对当时的各种条件而言很科学,但现在各限制因素发生了某些重大变化,从而产生了调整分销渠道的必要。因此企业有必要定期地、经常地对影响分销渠道的各种因素进行监测、检查、分析。另外,企业若能准确预测和把握某些影响分销渠道的因素发生的变化,就可以提前对分销渠道实施调整。

3.企业的发展战略发生变化

任何分销渠道均围绕着企业的发展战略而设计,企业的发展战略发生了变化,自然也会要求企业调整分销渠道。

(二)分销渠道调整的步骤

1.分析分销渠道存在的问题

根据当前分销渠道运行的状况,寻找并分析存在的主要问题,考虑是否具有调整分销渠道的必要性。

2. 重新界定分销渠道目标

根据客观环境及企业战略等因素的变化,结合分销渠道选择的限制因素,重新界定分销渠道目标。

3. 进行现有分销渠道评价

如果通过加强管理能够达到分销渠道目标,则无须建立新分销渠道;反之,则须考虑新分销渠道的建立、成本与收益,以保证经济上的合理性。

4. 组建新分销渠道并进行管理

在新的分销渠道目标指导下,重新组建分销渠道,尽量克服以往分销渠道的不足,并加强对新分销渠道的管理。

(三)**分销渠道调整的策略**

1. 增加或减少某些分销渠道成员

在调整时,既要考虑由于增加或减少某个中间商对企业盈利方面的直接影响,也要考虑可能引起的间接反应,即分销渠道中其他中间商的反应。比如当增加某一地区内的中间代理商时,会引起地区内原有中间商的反对和抵制。而当企业由于某一渠道成员业绩或服务很差而撤销其经营代理权时,虽然减少了企业的短期盈利,但也向其他中间商发出了警告,督促他们改善业绩或服务。

2. 增加或减少某些分销渠道

市场环境各方面的变化常常使物流企业认识到,只变动分销网络成员是不够的,有时必须变动分销网络才能解决问题。物流企业可以根据市场变化,削减某条不再能发挥作用的分销渠道。物流企业通过增减分销渠道来调整分销网络,相对地,物流企业往往会在增加新的分销渠道的同时,减少原有的分销渠道。

3. 调整整体分销渠道系统

调整整体分销渠道系统即重新设计分销渠道,由于物流企业自身条件、市场条件、商品条件的变化,原有分销渠道系统已经制约了企业的发展,就有必要对其作实质性的调整。这种调整波及面广、影响大、执行困难,不仅要突破企业已有分销渠道本身的惯性,而且由于涉及利益调整,会受到某些渠道成员的强烈抵制,对这类调整的政策,企业应谨慎从事、筹划周全。

【项目小结】

通过本项目的学习,我们首先认识了物流分销渠道的模式;其次,了解了影响分销渠道选择的若干因素,明确了分销渠道可以从直接渠道、间接渠道、长度策略、宽度策略等方面进行选择;最后,学会了如何对分销渠道进行设计,同时要加强对中间商的管理。随着互联网的快速发展,网络营销作为一种新的渠道方式顺应了时代的发展,这无疑是物流企业分销渠道的革命,任何一个物流企业都应该早日将互联网纳入企业的营销渠道中。

【思考与练习】

一、选择题

1. 直接分销渠道（　　）。
   A. 有批发商　　　B. 有零售商　　　C. 有中间商　　　D. 无中间商

2. 间接渠道的优点是（　　）。
   A. 物流企业可以对销售和促销服务过程进行有效的控制
   B. 可以减少佣金折扣，便于企业控制服务价格
   C. 便于企业提供个性化的服务
   D. 投资和风险更少

3. 属于物流企业垂直分销渠道系统的是（　　）。
   A. 水平营销系统　　　　　　　　B. 横向营销系统
   C. 网络化营销系统　　　　　　　D. 契约式垂直营销系统

4. 通常根据不同情况对渠道成员采取的激励方案中不包括（　　）。
   A. 与中间商建立合作关系
   B. 与中间商建立一种合伙关系，达成一种协议
   C. 经销规划
   D. 与中间商信息共享

5. 下列不属于物流分销渠道成员的是（　　）。
   A. 运输企业　　　　　　　　　　B. 货主
   C. 报关报检代理　　　　　　　　D. 货车司机

6. 下列不属于采用代理商可以获得的好处是（　　）。
   A. 比直接销售投资更少，减少企业的投资风险
   B. 可以满足某一地区或某一细分市场的客户的特殊要求
   C. 有利于物流企业扩大市场覆盖面，提高市场占有率
   D. 可以延伸信息触角，掌握一切所需的信息

7. 下列不属于渠道管理主要工作的是（　　）。
   A. 选择中间商
   B. 在分销渠道投入运行后对中间商进行评估、激励
   C. 提高或降低渠道管理负责人薪资
   D. 对渠道系统进行调整

8. 以下选项中，属于罗杰·潘格勒姆提出的物流企业渠道成员选择标准的是（　　）。
   A. 信用与财务状况　　　　　　　B. 产品质量
   C. 管理能力　　　　　　　　　　D. 态度

9. 下列不属于分销渠道调整的原因是（　　）。
   A. 现有分销渠道未达到发展的总体要求

B. 客观经济条件发生了变化

C. 渠道负责人不称职

D. 企业的发展战略发生了变化

10. 处理好生产商和中间商的关系非常重要。下列不属于通常可采取的方案的是(　　)。

　　A. 给中间商发放过节礼品

　　B. 与中间商建立合作关系

　　C. 与中间商建立一种合伙关系，达成一种协议

　　D. 分销规划

二、简答题

1. 什么是物流分销渠道？

2. 物流企业分销渠道的基本策略是什么？

3. 选择中间商应考虑哪些条件？

4. 影响物流企业分销渠道选择的因素有哪些？

5. 短渠道分销有什么优点？

6. 如何对分销渠道进行管理？

【实训设计】

1. 将全班学生进行分组，一般5～8人一组为宜，每组选择一家物流企业进行调查。

2. 由物流企业的负责人介绍企业分销渠道的相关内容。

3. 要求学生认真听取介绍，做好记录。

4. 参观完毕，每组学生撰写调查报告，内容包括该物流企业分销渠道的特点、对该物流企业分销渠道的改进建议。

5. 各组推荐一名学生在全班进行汇报。

项目七　物流促销策略

【知识目标】

1. 了解物流企业促销与促销目标。
2. 了解物流产品促销组合。
3. 掌握物流企业人员推销策略。
4. 掌握物流企业广告策略。
5. 掌握物流企业营业推广策略。
6. 掌握物流企业公共关系策略。

【技能目标】

1. 能够制订物流促销计划和促销预算。
2. 懂得如何与顾客进行有效沟通。
3. 具备进行人员推销的能力。

【导入案例】

苏宁吉祥物拍电影了！在物流云仓演绎高科技大冒险

当暖萌卡通形象遇上轰隆隆的机器设备,会碰撞出怎样的火花？2018年,苏宁易购就为吉祥物小狮子苏格拉宁,拍摄了一部趣味动画短片。呆萌小狮子的奇遇,让高大冰冷的物流机器有了快递盒子"迪士尼"乐园的既视感(见图7-1)。片中的AGV机器人、无人机等高科技纷纷亮相,智慧物流正在变成现实。

图 7-1　小狮子苏格拉宁的奇遇

苏宁物流相关负责人介绍，短片中，苏格拉宁看到的小黄盒、会动的货架、蜜蜂一样的小飞机，在实际中均是令人赞叹的物流"黑科技"。

扛得住猛摔、保得住森林的苏宁"小黄盒"

短片中一个个亮黄色的箱子最为吸引人，这便是苏宁物流的"共享快递盒"（见图7-2）。2017年4月，苏宁"共享快递盒"正式诞生，用可循环使用的塑料箱子，代替传统的纸盒包装，若举全电商行业之力，一年可省下近46.3个小兴安岭的树木。这种绿色、环保的物流行动直击快递业过度包装、污染环境的痛点，很快受到《人民日报》、中央电视台、新华社等权威媒体的关注，并得到商务部点名表扬。

图7-2　苏宁"共享快递盒"

据了解，2017年苏宁物流共享快递盒回收率达到92%，一共节省780万个普通包装纸箱，保护了23 540平方米的森林。目前，苏宁物流正在全国多个城市设置共享快递盒回收站，方便用户收货的同时增加共享快递盒循环回收的新场景。同时，该回收站也可以用来承载用户准备丢弃的纸质快递盒。

AGV机器人驮着货架"跑来"

在以往的认知中，各大电商的全国仓库里已全部堆满了各类商品，上百名工作人员马不停蹄全场拣选货物，每时每刻都是对脚力和眼力的最大考验。然而，在上海苏宁奉贤仓库上演的却是另一番景象：几千平方米的仓库里，只有2～3名拣选人员，根据显示屏和播种墙电子标签的提示，轻轻松松就可将指定货位拣取相应数量的商品放入订单箱。

在这里，商品的拣选不再是人追着货架跑，而是等着机器人（见图7-3）驮着货架排队跑过来，通过移动机器人搬运货架实现"货到人"拣选，打破了传统的"人到货"拣选模式。拣选人、机器人、货架一切井然有序，形成了一种别样的和谐场景。

图7-3　AGV机器人

苏宁物流的相关负责人介绍说："目前单件商品平均拣货时间为10秒，小件商品拣选效率超过5倍人工，拣选准确率可达99.99%以上。"据了解，这一实测数据在整个行业处于领先地位，苏宁物流在品类设计以及仓库设计上都做了最大化的调整和优化。

无人机送货太智慧

短片里苏格拉宁追赶的黄色"小飞机"，就是苏宁的无人机（见图7-4）。苏宁物流在中国的浙江、安徽已经开通无人机多条航线，用户在家即可收到无人机投递来的包裹。

图7-4　无人机送货

据了解，苏宁电动六旋翼无人机，可实现精准自动起降和全程无人化自主运行。收货人取出包裹后，派送任务完成，无人机立即开始起飞自动返航，相当智能。2017年618期间，苏宁物流无人机在浙江安吉首飞成功，将原本40多分钟的车程缩短至23分钟。2017年12月10日，安徽境内第一架送货无人机在灵璧上空飞过，仅用时14分钟。如今苏宁无人机在浙江安吉、安徽灵璧、怀远、金寨实现常态化运行。

目前，"无人机运输和配送"已正式写入苏宁物流经营范围，主要应用于偏远农村、交通不便的山区，解决"最后一公里"送货难的问题。苏宁物流致力于空中智慧物流网的搭建，未来干线、支线、末端上的无人机将会连成一片。

苏格拉宁大冒险（见图7-5）的软萌让小狮子收获一波迷妹，同时也不禁为物流的高大上打call。影片中还展示了可视化物流、Miniload箱式堆垛系统等高科技。苏宁在物流智慧化服务方面的投入一直高举高打，投入使用的"超级云仓"堪称亚洲最大的智慧物流基地；全国最大的上海奉贤机器人仓也真正实现"货到人"拣选。接下来，苏宁物流还将研发机器手臂、AR等更多应用于物流场景的智能化工具，科技苏宁服务智慧生活的战略正在一步步落地。

图7-5　苏格拉宁大冒险

请思考以下问题:
1. 苏宁采用了怎样的促销方式?
2. 这种促销方式有什么好处?

任务一　物流企业促销和促销组合

一、促销

(一)促销的概念

促销是指通过人员和非人员的方式把企业的产品及服务信息传递给顾客,激发顾客的购买欲望,影响和促进顾客购买行为的全部活动的总称。

企业的促销活动与其他市场营销活动如产品决策、价格策略的选定、分销策略等有所不同。上述一些市场营销活动主要是在企业内部进行或者在营销者与营销者之间进行的。而在促销活动中,要向消费者宣传或介绍其产品,说服和吸引顾客来购买其产品,所以参与促销活动的双方是营销者与购买者或潜在的购买者。促销即指促进销售,实质是沟通,即营销者(信息提供者或发送者)发出作为刺激物的各种信息,把信息传递到一个或更多的目标对象(即信息接受者,如听众、观众、读者、消费者或用户等),以影响其态度和行为。营销者为了有效地与消费者沟通信息,可采用多种方式加强与消费者的信息沟通,以促进产品的销售。常用的促销手段有广告、人员推销、营业推广和公共关系。企业可根据实际情况及市场、产品等因素选择一种或多种促销手段的组合。

(二)物流企业促销概念

物流企业促销是指物流企业在经营的过程当中,促使目标顾客做出购买行为,或影响目标顾客购买态度而进行的一系列沟通活动,包括向物流需求者传递产品信息并开展说服工作,帮助他们认识物流产品,尤其是新物流产品的功能等。物流服务促销策略是指物流企业如何通过人员推销、广告、公共关系和营销推广等各种促销方式,向消费者或用户传递物流服务信息,引起他们的注意和兴趣,激发他们的购买欲望和购买行为,以达到扩大销售的目的。按照物流服务信息传递的载体是否为人力,物流服务促销可以分为人员促销和非人员促销两类。非人员促销又包括广告宣传、公共关系促销和营业推广三种。物流服务促销能够起到传递信息、刺激需求、突出服务特色、树立企业形象、增强消费者偏好、扩大销量等作用。

(三)物流企业促销目标

物流企业促销的目标在于通过沟通、说服和提醒等方法,销售物流服务产品,提高本企业在物流服务市场上的占有率。因此,物流企业促销的目标主要表现在以下几方面。

1. **建立对该服务产品及物流企业的认识和兴趣**

物流企业通过信息传递,使客户对本企业的状况和企业提供的服务项目等有所了解,以建立客户对本企业的认识,加深客户的印象。这种促销目标一般以广告为主,如在报纸、杂志上定期刊登本企业的经营范围、服务网络等,并配合人员推销和公共关系。

2. 说服客户购买或使用本企业提供的服务

促销的目的是使客户对于本企业的物流服务形成偏好,在选择物流服务提供商时能够首先考虑本企业。因此在促销活动中,应重点向客户宣传本企业所提供服务的优势,突出本企业服务与对手服务的差异。以此为目标,促销组合应以人员推销为主,同时配合使用广告等其他促销方式。

3. 建立并维护本企业的形象和信誉

物流企业以此为促销目标是为了使客户对企业提供的物流服务形成一种良好的印象,树立企业的形象和信誉。因此,这类促销组合应以公共关系和良好的客户服务为重点,并配合使用人员推销的促销方式。

4. 稳定客户关系

追求稳定的市场份额是企业营销的重要目标之一,物流企业稳定的市场份额源自稳定的客户关系。物流企业通过促销活动可以加深推销人员与客户的感情,提高企业在客户中的信誉和知名度,有利于与客户建立长期、稳定的合作关系。

(四)物流企业促销的作用

1. 沟通信息是企业争取客户的重要环节

物流企业促销的目的之一就是提高本企业在物流服务市场上的占有率。要想获得更多的客户支持和理解,物流企业就要向客户提供尽可能多的企业服务信息,让客户尽可能多地了解本企业经营的业务项目、费用水平及各地的分支机构、代理网络等信息,吸引客户的注意,为扩大销售打下基础。

2. 刺激需求

物流企业的促销活动不仅能够诱导需求,而且能在一定条件下创造需求。在促销活动中,企业从订单处理、仓储保管、运输配送、装卸到包装、流通加工、信息反馈等一连串的活动中,都能创造商品的附加价值,为客户提供增值服务。这样有利于潜在的客户企业转变传统的"大而全"的观念,改变其自行处理物流业务的做法,进而形成对物流企业服务的巨大需求。

3. 突出特色

在激烈的市场竞争中,企业的生存和发展越来越需要强化自身的经营特色。物流企业服务的领域十分广阔,不同企业提供服务的差别往往不易被客户所了解。在这种情况下,物流企业通过促销,突出宣传本企业的服务特色,以及它给客户带来的特殊利益,这显然有助于客户加深对本企业的了解,达成交易。

二、促销组合

物流企业在制定物流服务促销策略时,往往会将人员推销、广告、营业推广和公共关系四种基本促销方式合理选择、相互配合、有机协调,最大限度地发挥整体效果,这就形成了促销组合。

(一)促销组合策略

在促销组合中因促销方式的选择和侧重点的不同,可以有三种不同的组合策略。

1. 推式策略

推式策略是物流企业以人员推销为主要手段,首先争取中间商的合作,利用中间商的力量把物流服务推向市场和消费者,运作程序如图 7-6 所示。这种策略较适用于传统的物流服务项目,如运输、储存、配送服务。这类推销策略风险小、周期短、资金回收较快。物流企业采用推式策略的常用方法主要有人员推销、营业推广;具体方式有示范推销法、走访销售法、巡回销售法、网点销售法、服务推销法等。

图 7-6　推式策略

2. 拉式策略

拉式策略是物流企业先把物流服务信息通过广告等直接介绍给目标市场客户,再把物流服务介绍给目标客户,使客户产生强烈的购买欲望,形成急切的市场需要,然后拉引中间商经销本企业的物流服务。这类策略较适合于具有新的物流服务的推广。其具体运作如图 7-7 所示。物流企业采用拉式策略,常用的主要方式有价格促销、广告、试销等。

图 7-7　拉式策略

3. 推拉结合策略

物流企业也可以把上述两种策略结合起来运用,在向中间商进行促销的同时,通过广告刺激市场需求。利用双向促销把物流服务推向市场,比单一的推式策略或拉式策略更有效。

不同的物流服务促销策略适用于不同的和处于不同发展阶段的物流企业,每种策略都各有特点。因此,物流企业在制定、选择物流服务促销策略时,应综合考虑物流服务的特点、生命周期、市场状态、费用、资源、渠道、竞争等因素。

(二)影响物流企业促销组合选择的因素

由于各种促销方式各有特点,适用于不同对象,物流企业在制定促销组合策略时,应综合考虑物流产品的特点、物流产品的生命周期、市场状况、促销费用等因素。

1. 物流产品的特点

物流企业为满足各类客户的需求,提供不同类型的物流服务产品,针对各类产品的特点,应采取不同的促销组合策略一般来说,比较复杂的物流服务产品,如通过系统数据库和咨询服务提供以管理为基础的物流服务、物流战略计划的服务等,最好采取人员推销的方式;而对于比较简单的物流服务产品,如快运、仓储、运输、配送等,则比较适合采取广告促销的方式。

2. 物流服务产品的生命周期

产品生命周期也是影响促销组合的重要因素之一。物流服务产品在生命周期的不同阶段,其促销目标也有差异,故其在促销组合的选择和编配上也要有相应的变化。

在投入期,产品刚刚问世,鲜为人知,企业的促销目标是提高客户和潜在客户对产品的知晓程度。因此,这一阶段应以广告宣传和人员推销为主要的促销方式,同时配合营业推广刺激客户购买。

在成长期,产品畅销,但竞争者开始出现,物流企业的促销目标是如何进一步吸引潜在客户,力求与老客户建立稳定的业务关系。因而此阶段的促销活动应以人员推销为主,辅之以广告宣传,广告的内容转变为优势宣传上,使老客户形成对产品和企业的偏爱,增加新客户。

在成熟期,需求趋向饱和,竞争日益激烈,物流企业的目标是尽量维持现有客户的业务联系,保持企业的市场份额。因此,在成熟期企业仍可坚持采用人员推销的促销方式,同时辅之以广告、公共关系等促销方式提高企业和产品的声誉。

在衰退期,企业的目标主要是使一些老客户仍然信任本企业及其产品,坚持购买。因此,此阶段的促销方式应以营业推广为主,辅之以提醒式广告。

3. 市场状况

根据物流企业目标市场的规模和类型,采取不同的促销组合。对于规模小而相对集中的市场应重点使用人员推销的方式;对于范围广而分散的市场,则比较适合采用广告的促销方式。如果企业的客户主要是个人消费者,广告是最好的促销方式;而针对企业、中间商或其他组织机构,人员推销是促销最好的办法。

4. 促销费用

企业在制定促销组合策略时,还应考虑促销费用的因素。任何一种促销方式或促销组合都要花费一定的费用,促销费用常常制约着促销组合策略的制定。同时各种促销方式的费用也不尽相同,不同促销组合所需费用往往相差很大。物流企业在选择促销方式和制定促销组合策略时,应全面衡量、综合比较各种促销方式的费用和效益,以尽可能低的促销费用取得尽可能高的促销效益。

5. 促销目标

物流企业的促销目标具阶段性的侧重点,由于促销目标的侧重点不同,促销组合也不同。如果以提高物流企业知名度为主要目标,可以以广告为重点,辅之以人员推销和营业推广。

6. 物流企业的分销渠道

如果物流企业的服务项目主要以向中间商推广为主,就应该采取公共关系和广告的形式开展促销;而如果物流企业以直销方式推广自己的服务,就应该采取人员推销、公共关系和营业推广的方式开展促销。

任务二 人 员 推 销

一、人员推销的概念

人员推销是指物流企业派出推销人员直接与顾客接触、洽谈、宣传商品,以达到促进销售目的的活动过程。人员推销既是一种渠道方式,也是一种促销方式。

人员推销的任务是寻找顾客、传递信息、推销自己、推销物流企业和物流服务、收集信息和提供服务。人员推销具有沟通的双向性、促销方式的灵活性、沟通对象的选择性和针对性、沟通过程的情感性、推销人员角色的双重性(既是推销员也是市场调查员)、服务过程的完整性(推销员的工作从寻找顾客开始,到接触、洽谈、达成交易、参与并监督服务过程、了解顾客使用后的反应等)。

二、人员推销的流程

人员推销的流程如图7-8所示。

图7-8 人员推销的流程

人员推销的程序

(一)寻找潜在客户

推销人员要开展推销活动,首先要选取推销对象,也就是寻找并识别目标客户群。寻找客户的方法有很多,包括向现有客户进行了解,通过各类社交活动结交新的客户,通过查阅工商企业登记信息进行寻找,通过朋友介绍或社会团体与推销员之间协作等间接寻找。在寻找到潜在客户之后,就要对准客户进行筛选,包括对准客户的经营时间状况、地理位置、特殊需求及发展前景进行调查分析,从准客户群中挑选适合公司开展业务的客户。

(二)拜访前的准备

拜访前的准备主要包括五方面:①准备自己(包括外表、服饰、举止、表情、心态等);②准备服务(熟悉自己推销的物流服务,详细的文字图片视频资料);③准备企业(要熟悉企业的历史、文化、服务、特色等);④准备市场(要熟悉物流市场、市场细分、竞争对手、市场容量、客户的地理分布、需求特点、市场的短期发展趋势);⑤准备客户(了解客户的背景、特长、需要、购买动机、实力与信用等)。

(三)拜访客户

拜访客户包括拟订访问计划(拜访谁、为什么拜访、拜访时推销什么、什么时间拜访、在什么地点拜访、用什么方式拜访等)、约见客户、接近客户、演示洽谈、处理异议。

(四)成交签约

推销活动的目的就是促成交易,签署协议。推销人员应在推销过程中,抓住客户通过表情、体态、语言及行为等表现出的各种成交意向,促成交易。

(五)售后服务

签约并不意味着交易的结束,推销人员应善始善终,跟踪服务,保证服务质量,及时解决服务问题,促使客户重复购买。

三、人员推销的模式

人员推销的模式是指根据推销活动的特点及对顾客购买活动各阶段的心理演变应采取的策略,归纳出一套程序化的标准推销方式,人员推销的模式使推销有了可以依靠的理论、步骤和法则,促进了推销效率的提高。应用最广泛的推销模式是爱达(AIDA)模式、迪伯达(DIPADA)模式、埃德帕(IDEPA)模式、费比(FABE)模式、吉姆(GEM)模式。

(一)爱达模式

爱达模式

推销专家海因兹·姆·戈德曼总结的AIDA(译为"爱达",第一个A为Attention,即引起注意;I为Interest,即诱发兴趣;D为Desire,即刺激欲望;最后一个A为Action,即促成购买)是指一个成功的推销员,必须把顾客的注意力吸引或转变到物流服务上,使顾客对推销人员推销的物流服务产生兴趣,这样顾客的购买欲望也就随之产生,而后再促使顾客采取购买行为,最后达成交易。爱达模式比较适用于门店、现场推销,如柜台推销、展销会推销;也适用于新推销人员以及首次接触顾客的推销。

(二)迪伯达模式

推销专家海因兹·姆·戈德曼根据自身推销经验总结出来的DIPADA(译为"迪伯达",D为Definition,即发现;I为Identification,即结合;P为Proof,即证实;A为Acceptance,即接受;D为Desire,即欲望;A为Action,即行动)六步推销方法。迪伯达模式认为,推销人员必须先准确的发现顾客的需要和愿望,然后把它们与自己推销的物流服务联系起来。推销人员应向顾客证明,其推销的物流服务符合顾客的需要和愿望,顾客确实需要该物流服务,并促使顾客接受。

(三) 埃德帕模式

埃德帕模式是迪伯达模式的简化形式,它适用于有着明确的购买愿望和购买目标的顾客。埃德帕是5个英文字母IDEPA的译音。这5个英文字母分别为5个英文单词的首字母。Identification意即把推销品与顾客需要结合起来;Demonstration意即向顾客示范服务;Elimination意即淘汰不合适的服务;Proof意即证实顾客的选择正确;Acceptance意即促使顾客接受服务。这一模式比较适合于零售推销。

(四) 费比模式

费比是FABE的译音,FABE则是英文字母Feature(特征)、Advantage(优点)、Benefit(利益)、Evidence(证据)的首字母。其步骤为:把物流服务的特征(Feature)详细介绍给顾客,充分分析物流服务的优点(Advantage),尽数物流服务给顾客带来的利益(Benefit),以证据(Evidence)说服顾客购买。

(五) 吉姆模式

吉姆是GEM的译音。吉姆模式旨在帮助培养推销人员的自信心,提高说服能力。其关键是"相信",即推销人员一定要相信自己推销的物流服务(Goods),相信自己所代表的公司(Enterprise),相信自己(Man)。实现推销成交是推销服务、企业、推销人员三个因素综合作用的结果。

四、人员推销的策略

在物流企业人员推销活动中,一般可以采用以下3种策略。

(一) 试探性策略

试探性策略也称为"刺激-反应"策略,即在不了解客户的情况下,推销人员运用刺激性手段引发客户产生购买行为的策略。推销人员事先设计好能引起客户兴趣的语言、图片和条件,通过渗透性交谈进行刺激,在交谈中观察客户的反应,然后根据其反应采取相应的对策。这种策略在上门推销和电话推销物流产品时效果较好。

(二) 针对性策略

针对性策略是指推销人员在基本了解客户的情况下,有针对地与客户一起讨论客户的业务项目,然后再向客户陈述介绍本企业所能提供的服务,以引起客户的兴趣和好感,从而达到成交的目的。

(三) 诱导性策略

诱导性策略也称为"诱导-满足"策略,这种策略是通过推销员与客户的交流,使得客户了解到自己的真正需求,并希望满足这些需求。推销员再站在客户的立场上向客户推荐本企业所提供的服务,使客户感到推销员成了他们的参谋,从而较顺利地达成交易。

五、人员推销的技巧

(一)找好上门对象

这可以通过商业性资料手册或公共广告媒体寻找重要线索,也可以到专业展会、会议、协会寻找客户名称、地址、电话。

(二)掌握"开门"方法

这是指要选好上门时间,以免吃"闭门羹",可以采用电话、传真、电子邮件等手段事先交谈或传送文字资料给对方,并预约面谈的时间、地点,也可以采用熟人引见、名片开道、与对方有关人员交朋友等策略,赢得顾客的欢迎。

(三)能够直接叫出客户的名字

世界上最美妙的声音是听到自己的名字从别人的口中说出来。如果与客户初次见面时就把对方的姓名、家庭情况、爱好等牢记在心,下次见面时,无论相隔半年或一载都能直呼其名,还会问问对方家人的情况以及爱好的发展、孩子的培养、家庭园艺等问题,使对方感到亲切、融洽,消除双方的隔阂和距离,得到客户的喜爱,销售业绩自然会节节攀升。

(四)学会推销的谈话艺术

在开始洽谈时,推销人员应巧妙地把谈话转入正题,做到自然、轻松、适时,可采取关心、赞誉、请教、炫耀、探讨等方式入题,顺利地提出洽谈的内容,以引起客户的注意和兴趣。在洽谈过程中,推销人员应谦虚谨言,注意让客户多说话,认真倾听,表示关注与兴趣,并做出积极的反应,在交谈中,语言要客观、全面,既要说明优点所在,也要如实反映缺点,切忌高谈阔论、"王婆卖瓜",让客户反感或不信任。

(五)掌握排除推销障碍的技巧

遇到障碍时,要细心分析,耐心说服,争取排除疑虑、推销成功。一是要善于排除客户异议障碍。若发现客户欲言又止,己方应主动少说话,直截了当地请对方充分发表意见,以自由问答的方式真诚地与客户交换意见。对于一时难以纠正的偏见,可将话题转移。对恶意的反对意见,可以装聋作哑。二是善于排除价格障碍。当客户认为价格偏高时,己方应充分介绍和展示服务的特色和价值,使客户感到"一分钱一分货";对低价的看法,己方应介绍定价低的原因,让客户感到物美价廉。三是善于排除习惯势力障碍。实事求是地介绍客户不熟悉的服务,并将其与他们已熟悉的物流服务相比较,让客户乐于接受新的消费观念。

(六)把握适当的成交时机

推销时应善于体察客户的情绪,在给客户留下好感和信任时,抓住时机发起"进攻"争取签约成交。

(七)洽谈成功后不要匆忙离去

匆忙离去会让对方误以为上当受骗了,从而使客户反悔违约。应该用友好的态度和巧妙的方法祝贺客户做了笔好生意,并指导对方做好合约中的重要细节和其他一些注意事项。

任务三 广 告

一、广告的概念

物流广告是由物流企业支付费用,通过电视、广播、报纸、杂志、直接信函、交通工具、张贴画、网络、立柱等媒体向公众传达物流服务的存在、特征和购买者能得到的利益、物流消费观念等信息,以增加客户的了解和信任,激起客户的注意和兴趣进而促进销售的工具。广告按照目的可分为告知性广告、说服性广告、提示性广告3类。物流广告是受众面最广、传播最快的信息传播媒介,被称作物流信息传播的使者、引导消费的先锋、促销的催化剂、物流企业的介绍信、物流服务的敲门砖、物流品牌宣传的桥头堡。在现代社会,广告已经成为物流企业促销必不可少的手段。

二、广告策略的实施步骤

物流广告策略一般包括5个主要步骤,简称5M(见图7-9)。

图 7-9 广告策略的实施步骤

(一)确定广告目标

广告目标是物流企业通过广告活动要达到的目的。物流企业广告一般有三种目标。

1. 以创建品牌为目标

以创建品牌为目标的广告宣传主要出现在新进入行业的企业或成长期的企业。这两类企业因为业务发展的需要,需要建立影响力较大的品牌效应,所以其广告的主要目标在于开发新产品和开发新市场,通过对物流服务的性能、特点和增值作用进行宣传介绍,提高客户对于物流企业所提供服务的认知度,其中着重提高新产品的知名度、理解度,以及客户对厂牌、标志的记忆度。

2. 以维持品牌影响力为目标

对于已经存在于市场并具有一定市场影响力的企业来说,随着竞争对手进入市场和潜在对手的威胁,物流市场现有品牌在进行广告宣传时,主要目的就是巩固已有的市场阵地,并在此基础上开发潜在市场,激励准客户,刺激购买需求。其主要采用的形式是连续广告宣传,以加深品牌对客户的影响力。广告诉求的重点在于保持客户对广告的好感、偏爱和信心。

3. 以增强竞争力为目标

此类广告的目的在于加强产品的竞争力,协助产品在市场上开展竞争,广告诉求的重点在于使客户明确产品的优势,了解产品与市场同类产品的差异所在,并增强其购买倾向。

(二)确定广告预算

通常可供企业选择的确定广告预算的方法有四种。

1.量力而行法

量力而行法即根据物流企业本身的经济承受能力来选择合适的广告投入。

2.销售额百分比法

销售额百分比法即按照物流企业的销售额提取一定的比例作为广告费。

3.竞争对比法

竞争对比法即参照竞争对手的广告投入来确定本企业的广告预算。

4.目标任务法

目标任务法即按照每次广告要实现的目标进行预算。

(三)确定广告信息

确定广告信息主要是确定以下四方面的内容:

1.确定广告主题

广告主题要鲜明、具有很强的针对性。如宝供物流企业集团有限公司的一则广告主题是"铁运旗舰宝供号——连接'珠、长三角洲'的黄金通道"。

2.确定广告词

广告词要清晰、精炼,能准确表达广告内容。如德邦精准卡航的广告词是"精准卡航,限时到达"。

3.确定图案

图案要清晰、醒目,有冲击力或有意境,可通过夸张、联想、象征、比喻、诙谐、幽默等手法对画面进行美化处理,使之符合人类的审美需求。如 DHL 有一幅广告,将基色一样的人、车、飞机、集装箱集中有序地呈现,具有很强的视觉冲击性。

4.确定色调和文字大小

整个广告色彩要明快、协调,字体大小合适,该突出的突出。

(四)确定主要的广告媒体

广告媒体是广告者向广告对象传递信息的载体,是支持广告活动的技术手段。在我国,按照不同媒体划分的广告主要有以下几种形式。

主要广告媒体类型及其优、缺点

1. 视听广告

通过电台、电视、电影、互联网络、广播等媒体传播的广告。

2. 印刷广告

通过报纸、期刊/杂志、印刷品等媒体传播的广告。

3. 户外广告

在街头、建筑物、车站、码头、体育馆、展览馆、物流点等公共场所,按规定允许设置或张贴的路牌、霓虹灯、招贴等广告。

4. 交通广告

在车、船、飞机内设置或张贴的广告。

5. 售点广告

在商店、商品橱窗内设置的广告。

6. 邮寄广告或直邮广告

通过邮政直接投递企业介绍、产品说明书等函件传播的广告。

不同的广告媒体,其特点和作用各不相同,在选择广告媒体时,应根据以下因素进行全面权衡,充分考虑各种媒体的优、缺点,力求扬长避短。

1. 服务的特性

不同的服务应选择不同的媒体。专业性强的服务不宜在电视、广播中做广告,而应在专业杂志上做广告,这样更有效果。而对于大众性服务来说,则在电视、广播、报纸上进行广告的效果更好。

2. 顾客的习惯

不同顾客群体的消费习惯不一样,所以在选择媒体时,必须要考虑目标客户群的习惯,如一般大众在日常生活中比较喜欢观看电视,而专业人士可能更喜欢阅读专业杂志,所以对于不同的客户应该选择不同的广告媒体。

3. 媒体的传播范围

不同媒体其受众范围不一样。全国性的报纸其受众为全国的读者,地方电视台的受众则是区域市场内的观众。因此,在选择广告媒体时,应保证广告宣传的范围与企业的服务范围一致。

4. 广告媒体的知名度和影响力

报纸、杂志的发行量,广播、电视的听众和观众数量,以及媒体的频率及声音等,都是媒体影响力的标志。媒体的影响力应到达目标市场的每一个角落,但如果越出目标市场,则会造成浪费。

5. 媒体成本

不同媒体的成本是不一样的,广告宣传应考虑费用与效果的关系,既要使广告达到理想的效果,同时也要考虑企业的承受能力,应尽量争取以较少的成本,达到最大的宣传效果。

广告媒体的选择策略,应综合考虑以上因素来制定,一般来说,广告媒体的选择策略有以下 5 种。

1. 无差别市场广告策略

在同质市场内,为了扩大企业的影响,运用各种媒体向同一大目标市场推出相同内容主题的广告,以广为宜,迅速占领市场。这种策略能够取得较好的效果,但是成本较高,效率不高。差别市场广告策略,即在一定时期内,针对细分的目标市场,选择部分媒体或媒体组合进行广告宣传。如针对农村市场,就可以选择户外广告的方式,利用交通主干道旁的广告宣传牌和房屋墙进行广告宣传;而对于城市市场,则可以通过报纸媒介,刊登企业的广告信息,提高企业的知名度。

2. 集中市场广告策略

集中市场广告策略就是把广告集中于一个或几个细分市场的目标市场。采用策略一般从企业自身力量考虑,选择适当的目标市场,以避免因力量分散而减少广告的影响力度。

3. 动态策略

动态策略的特点是无确定的媒体选择。完全根据需要和信息反馈情况来确定下一步媒体选择方案,归纳起来可以有两种动态策略:一种是先宽后窄,即先采用较多媒体,等广告信息反馈、研究分析之后,选择影响力较大的媒体作为下一步的媒体选择;另一种是先窄后宽,即以少数媒体开头,观察反应,再根据反应的强弱进行调整。

4. 媒体组合策略

各种媒体功能、特性各异,使之合理搭配进行广告宣传是很有益的,一般下列搭配是较好的。①报纸与广播的搭配。主要针对于某一特定区域市场的客户群,能够形成立体广告宣传网络,扩大宣传效果。②电视与广播搭配。能够使企业形象和服务有形化,增加客户的印象。③报纸或电视与销售广告搭配,有利于提醒消费者购买已有印象或已有购买欲望的产品。④报纸与电视的搭配运用。应该以报纸为先锋,对产品进行详细解释后再运用电视广告进攻市场,这样可以使产品销售逐步发展,或做强力推销。⑤报纸与杂志搭配,可用报纸广告做强力推销,而用杂志广告来稳定市场。⑥报纸或电视与邮寄广告配合。目前这种方式在电视购物这一新鲜的消费形式中运用较广,它以邮寄广告为先锋,做试探性宣传,然后用报纸广告或电视广告做强力推销,这样可以取得大面积影响的成效。

常用媒体主要特点的比较见表 7-1。

表 7-1　常用媒体主要特点的比较

媒体种类	覆盖范围	反应程度	可信度	寿命	保存价值	信息容量	制作费用	吸引力
报纸	广	好、快	好	较短	较好	大而全	较低	一般
杂志	较窄	慢、差	好	长	好	大而全	较低	好
广播	广	好、快	较好	很短	差	较小	低廉	较差
电视	广	好、快	好	短	差	较小	很高	好
邮寄	很窄	较慢	较差	较长	较好	大而全	高	一般
户外	较窄	较快	较差	较长	较好	一般	低	较好
互联网	广	较快	较好	短	差	大而全	高	一般

(五)估计广告产生的效果

广告的传播效果主要从两方面来体现:一是广告本身能给顾客留下深刻的印象,增强顾客的关注、了解、认知、喜爱,成功诱导顾客购买,即广告的诉求认知效果;二是广告推出后,导致物流企业销售量的增长,即广告销售效果。

1. 广告诉求认知效果测定

广告诉求认知效果测定的目标在于分析广告活动是否达到预期的信息效果。测定广告诉求认知效果,主要有以下指标。

(1)接触率。这是指广告媒体的受众中,有多少比例的人接触过该广告。

(2)注目率。这是指在看该广告的人数中,有多大比例的人能够辨认出先前已看过这一广告。

(3)阅读率。这是指通过报纸、杂志来阅读广告的人数和报刊发行量的比率。阅读率越高,对广告的认识率越高,广告效果越好。

(4)好感率。这是指在看广告的人当中,有多大比例的人对企业及其所提供的服务产生了好感。

(5)知名率。这是指在被调查的对象中,有多大比例的人了解企业及其服务,知名率的考察往往是通过广告前、后的对比来进行的。若发布广告后企业的知名度大为提高,则说明企业的广告效果十分理想。综合评分是指由目标消费者的一组固定样本和广告专家来评价广告,并填写评分表,评分表中有广告的注意强度、阅读强度、认知强度、情绪强度等。

2. 广告销售效果的测定

(1)销售额衡量法。这种方法就是实际调查广告活动前后的销售情况,以事前和事后的销售额之差作为衡量广告效果的方法。这种方法比较简单易行,但是如果除去广告效果以外的其他因素致使销售额增加部分的测定却相当困难。为了弥补缺陷,在实际销售效果测定中往往参照广告费比率和广告效率进行综合测定。

(2)小组比较法。小组比较法将相同性质的被测者分为三组,其中两组各看两种不同的广告,第三组未看过广告,然后比较看过广告的两组效果之差,并和未看过广告的第三组加以比较。通常将检测的数字结果用频数分配技术来计算广告效果指数。

任务四 营业推广

一、营业推广的概念

营业推广是一种适宜于短期推销的促销方法,是企业为鼓励购买、销售商品和劳务而采取的除广告、公关和人员推销之外的所有企业营销活动的总称。营业推广可以吸引消费者购买,这是营业推广的首要目的,尤其是在推出新产品或吸引新顾客方面。由于营业推广的刺激比较强,较易吸引顾客的注意力,使顾客在了解产品的基础上采取购买行为,也可能使顾客追求某些方面的优惠而使用产品。另外,营业推广可以奖励品牌忠实者。因为营业推广的很多手段(譬如销售奖励、赠券等)通常都附带价格上的让步,其直接受惠者大多是经常使用本品牌产品的顾客,从而使他们更乐于购买和使用本企业产品,以巩固企业的市场占有率。同时,营业推广可以实现企业营销目标,这是企业的最终目的。营业推广实际上是企业让利于购买者,它可以使广告宣传的效果得到有力的增强,破坏消费者对其他企业产品的品牌忠实度,从而达到本企业产品销售的目的。

二、营业推广的实施步骤

营业推广的实施步骤如图 7-10 所示。

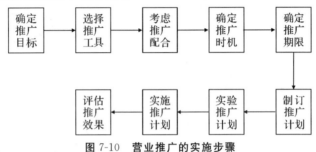

图 7-10 营业推广的实施步骤

(一)确定推广目标

营业推广目标的确定,就是要明确推广的对象是谁,要达到的目的是什么。只有知道推广的对象是谁,才能有针对性地制订具体的推广方案,比如:是以培育忠诚度为目的,还是以鼓励大批量购买为目的?

(二)选择推广工具

营业推广的方式方法很多,但如果使用不当,则适得其反。因此,选择合适的推广工具是取得营业推广效果的关键因素。企业一般要根据目标对象的接受习惯和产品特点、目标市场状况等来综合分析,选择推广工具。

(三)考虑推广配合

营业推广要与营销沟通其他方式如广告、人员销售等整合起来,相互配合,共同使用,从而形成营销推广期间的更大声势,取得单项推广活动达不到的效果。

(四)确定推广时机

营业推广的市场时机选择很重要,如季节性产品、节日、礼仪产品,必须在季前节前做营业推广,否则就会错过了时机。

(五)确定推广期限

推广期限即营业推广活动持续时间的长短。推广期限要恰当。推广期限过长,消费者新鲜感丧失,产生不信任感;推广期限过短,一些消费者还来不及接受营业推广的实惠。

(六)制订推广计划

将上述考虑形成一个互相配合、总体协调的推广方案,包括时间进度、经费投入、项目团队和负责人、协调机制、预期效果等。

（七）实验推广计划

在局部范围内试验,查看效果,并在必要时调整计划。

（八）实施推广计划

按照推广计划进行推广,注意实施过程中的控制与管理。

（九）评估推广效果

对照推广目标,评估推广的实际效果,总结推广的经验和教训。

三、营业推广的主要方法

物流企业营业推广的目标主要有4类：针对顾客、针对中间商、针对推销人员和针对供应商。

（一）针对顾客的营业推广方式

(1)降价或增加服务不加价。

(2)赠送促销。向消费者赠送物流服务,如赠送一项增值服务。

(3)折价券。在消费某种物流服务时,持券可以免付一定金额的钱。折价券可以通过广告或直邮的方式发送。

(4)会员卡优惠。

(5)组合促销。以比较优惠的价格提供组合服务,价格低于分开购买服务的价格之和。

(6)抽奖促销。顾客购买一定的物流服务之后可获得抽奖券,凭抽奖券进行抽奖获得奖品或奖金。抽奖可以有各种形式。

(7)现场演示。物流企业派促销员在现场演示本企业的物流服务,向消费者介绍服务的特点、用途和使用方法等。

(8)联合推广。企业与零售商联合促销,将一些能显示企业优势和特征的服务集中推介,边展销边销售。

(9)参与促销。消费者参与各种促销活动,如技能竞赛、知识比赛等,获得企业的奖励。

(10)会议促销。物流企业利用各种展销会、博览会、业务洽谈的平台现场推介服务。

（二）针对中间商的营业推广方式

(1)货币奖励。物流企业对实现一定销量的中介提供货币奖励或折扣优惠。

(2)批发回扣。物流企业为争取批发商或零售商多推销自己的服务,在某一时期内给经销本企业服务的批发商或零售商加大回扣比例。

(3)推广津贴。企业为促使中间商推销企业服务并帮助企业推销服务,可以支付给中间商一定的推广津贴。

(4)销售竞赛。根据各个中间商销售本企业服务的实绩,分别给优胜者以不同的奖励,如现金奖、实物奖、免费旅游、度假奖等,以起到激励的作用。

(5)扶持零售商。物流企业资助零售商的装潢,提供POP广告、服务目录、视频广告、网站登录便利,派员指导新开业点、适当承担新营业点或新服务推广广告的成本等,以强化零售网络，促使销售额增加。

（三）针对推销人员的营业推广方式

为鼓励企业内部推销人员推销物流服务，或促使他们积极开拓新市场，一般可采用销售竞赛、免费提供销售技能培训或技术指导、销售提成、特别推销津贴等方法。

（四）针对供应商的营业推广方式

为鼓励供应商准时供货，一般可采取租赁促销、类别顾客折扣促销、订货会、服务促销等方式。

四、营业推广的特点

（一）促销效果显著

在开展营业推广活动中，可选用的方式多种多样。一般说来，只要能选择合理的营业推广方式，就会很快地收到明显的增销效果，而不像广告和公共关系那样需要一个较长的时间才能见效。因此，营业推广适合于在一定时期、一定任务的短期性的促销活动中使用。

（二）营业推广是一种辅助性促销方式

人员推销、广告和公关都是常规性的促销方式，而多数营业推广方式则是非正规性和非经常性的，只能是它们的补充方式。亦即，使用营业推广方式开展促销活动，虽能在短期内取得明显的效果，但它一般不能单独使用，常常须配合其他促销方式使用。营业推广方式的运用能使与其配合的促销方式更好地发挥作用。

（三）有贬低产品之意

采用营业推广方式促销，似乎迫使顾客产生"机会难得、时不再来"之感，进而能打破消费者需求动机的衰变和购买行为的惰性。不过，营业推广的一些做法也常使顾客认为卖者有急于抛售的意图。若频繁使用或使用不当，往往会引起顾客对产品质量或价格的真实性产生怀疑。因此，企业在开展营业推广活动时，要注意选择恰当的方式和时机。

五、营业推广的不足之处

首先，影响面较小，它只是广告和人员销售的一种辅助促销方式。其次，刺激强烈，但时效较短，它是企业为创造声势、获取快速反应的一种短暂促销方式。最后，顾客容易产生疑虑，过分渲染或长期频繁使用，容易使顾客对卖者产生疑虑，反而对产品质量或价格的真实性产生怀疑。

任务五 公 共 关 系

一、公共关系的概念

公共关系促销是指物流企业通过改善与社会公众的关系，促进公众对企业的认识、理解、信任及支持，树立良好形象，创造良好的社会环境，而采取的系列措施和行为，促进物流服务的销售。公共关系包含组织、传播和公众三要素，三要素之间的关系如图7-11所示。

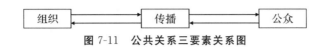

图 7-11　公共关系三要素关系图

二、物流企业公共关系的作用

重视物流企业公共关系在促销中的作用，是现代物流市场营销概念的进一步发展，物流企业公共关系在物流企业市场营销活动中的作用主要体现在以下几方面。

1. 建立物流企业的信誉，维护企业的形象

物流企业形象是社会公众对物流企业整体的印象和评价。良好企业形象是物流企业的无形资产和财富。物流企业公共关系的根本目的是通过深入细致、持之以恒的具体工作树立物流企业的良好形象和信誉，以取得公众理解、支持、信任，从而有益于物流企业推出新的物流服务，有利于创造"消费信心"，有利于企业筹集资金，有利于吸引、稳定人才，有利于寻找协作者，最终促进物流企业目标的实现。

2. 交往沟通，协调关系

物流企业是一个开放系统，不仅内部各要素需要相互联系、相互作用，而且需要与系统外部环境进行各种交往、沟通。交往沟通是公关的基础，任何公共关系的建立、维护与发展都依赖于企业和公众的交往沟通。只有交往，才能实现信息沟通，使物流企业的内部信息有效地输向外部，使外部有关信息及时地输入物流企业内部，从而使物流企业与外部各界达到相互协调。协调关系，不仅要协调物流企业与外界的关系，还要协调物流企业内部的关系，要使全体成员与企业之间达到理解和共鸣，增强凝聚力。

3. 咨询建议，为物流企业决策提供参考

物流公共关系的职能之一就是利用收集到的信息，及时向企业决策者提供咨询，并提出合理化建议。物流企业公共关系的内容涉及物流企业的知名度、可信度的咨询和评估，公众的心理分析咨询、物流企业的方针政策、计划的评估，并对物流企业决策目标进行监测跟踪等，通过对这些有关物流企业决策方面的评估和咨询，有利于企业决策目标的确立，有利于获取准确及时的信息，同时获取方案实施效果的信息。

三、物流企业公共关系促销的实施步骤

物流企业公共关系促销的实施步骤如图 7-12 所示。

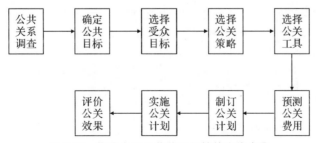

图 7-12　物流企业公共关系促销的实施步骤

(一)公共关系调查

公共关系调查是开展公共关系工作的起点和基础,通过调研,物流企业可以了解:有什么样的阻力在阻挡企业发展目标的实现?什么样的人购买、使用企业的服务?这些人在购买或使用服务时会有怎样的疑问?企业未来的发展趋势如何?把通过调查得到的信息进行总结和归纳,并形成调查报告。

(二)确定公共目标

一般来说,物流企业公共关系的目标是促使公众了解物流企业,改变公众对物流企业的认识,建立知名度、增进信誉、激励推销团队和经销商、降低成本。最终目的是通过传播信息,唤起客户的需求。这是公关人员公共的努力方向,也是形象定位的过程,是公关活动的核心。

(三)选择受众目标

结合调查中发现的问题,公关的目标分析问题来自哪些群体,这些群体就是最需要公关的对象。物流企业需要研究这些群体,针对这些群体开展公关活动。

(四)选择公关策略

物流企业的公关策略分为三个层次:①公关宣传,即通过各种传播手段向社会公众进行宣传,以扩大影响,提高企业的知名度;②公关活动,即通过举办各种类型的公关专题活动来赢得公众的好感,提高企业的美誉度;③公关意识,即企业员工在日常生产经营活动中所具有树立和维护企业形象的思想意识。

(五)选择公关工具

公关工具可以是参与或组织社区活动、举办新闻发布会、散发传单、制作并播放宣传片,也可以是举办重大学术会议、邀请名人演讲、邀请明星演出等。

(六)预测公关费用

根据公关的范围、人数、方式、时间预测需要的公关费用。

(七)制订公关计划

在考虑上述问题的基础上,利用专家和集体的智慧制定一份可以执行的公关方案。

(八)实施公关计划

根据公关方案,实施、管理、控制公关计划,确保方案的顺利实施。

(九)评价公关效果

利用民意测验法、专家评估法、访问面谈法、观察法、资料分析法等方法评价公关效果。公关效果主要体现在三方面:①增加曝光率;②增进知名度、理解度、美誉度;③销售额和利润贡献增大。

四、物流企业公共关系活动的方式

(一)利用新闻媒介扩大企业宣传

物流企业应争取尽可能多的机会与新闻单位建立联系,通过新闻媒介向社会公众介绍企业及产品。一方面可以节约广告支出;另一方面由于新闻媒介具有较高的权威性,覆盖面广,企业借助于新闻媒介的宣传效果要远远好于广告。这方面的工作内容主要是为报刊撰写新闻稿件、编撰企业各类刊物、简讯和年度报告,向新闻界和有关团体及个人散发企业的材料、参加各种社会活动等。

(二)支持公益活动

物流企业通过赞助,如体育、文化教育、社会福利等社会公益事业,使公众感到企业不但是一个经济实体,而且也能主动肩负社会责任,为社会的公益事业作出贡献。这样,必然扩大和提高企业在社会公众中的声誉和地位。

(三)组织专题公关活动

物流企业可以通过组织或举办新闻发布会、展览会、联谊会、庆典、参观等专题公关活动,介绍企业情况,沟通感情,增进了解,扩大宣传,树立形象。

(四)加强内部员工的联系

物流企业可以组织内部员工进行一些文娱活动、体育活动、旅游或演讲等,还可以组织各种座谈会来交流思想,协调各部门及员工之间的关系。通过开展活动来培养员工的集体意识,增强企业的凝聚力。

(五)与地方政府建立良好的关系

物流业是目前各地政府都非常重视的产业,积极开展本地物流业发展的战略规划,给予物流企业以资金、政策等支持。在这种情况下,作为物流企业应努力与当地政府建立良好的关系,争取得到政府在各个方面的扶持,包括资金扶持、场地优惠政策、重点地方企业的考核开发、其他优惠政策扶持等。

(六)积极参与与物流有关的社会团体和会议

物流企业可以加入有关的物流协会,如中国物流与采购联合会等,成为其会员,参加联合会组织的各种活动,借以扩大本企业在业内的影响,还可以参加与物流有关的各种会议,如物流年会、物流展览会、交流会、研讨会等,以便提升自身的知名度与企业形象。

【项目小结】

根据市场营销操作顺序,本项目是物流市场营销的第七个项目。市场竞争是极其残酷的,客户的偏好也是多种多样的,任何一个物流企业,都很想针对客户需求和竞争者的策略采取有效的营销方案最大限度地满足市场需求,从而获得更大的市场占有率。但仅仅有合适的价格(价格策略)、优质的产品(产品策略)、合理的渠道(渠道策略)还是不够的,因为这些策略都不能很好地与客户进行沟通,不能把企业的这些优势传递出去,所以促销策略的制订与实施就显得尤为重要。促销策略就是要解决告诉客户本企业产品方面的优势(广告)、告诉客户本企业最近的激励销售方式(营业推广)、告诉客户本企业的责任感及其他(公共关系),并通过上门销售的形式亲自告诉客户(人员推销)。本项目围绕物流促销市场活动必要的程序设计了各环节操作的专门知识,体现了对一些重要理论知识的重组。

【思考与练习】

一、选择题

1. 下列选项中,不属于针对顾客的营业推广方式的是(　　)。
   A. 批发回扣　　B. 赠送促销　　C. 会员卡优惠　　D. 折价券
2. 在促销组合中因促销方式的选择和侧重点的不同,可以有3种不同的组合策略,其中不包括(　　)。
   A. 推式策略　　B. 拉式策略　　C. 推拉结合策略　　D. 抱式策略
3. 一般日用生活用品,适合于选择(　　)媒介做广告。
   A. 人员　　B. 专业杂志　　C. 电视　　D. 公共关系
4. 下列(　　)不是选择促销策略时应该考虑的因素。
   A. 物流产品的特点　　　　B. 物流产品的生命周期
   C. 市场状况　　　　　　　D. 促销策略
5. 下列(　　)不是公共关系效果评估的指标。
   A. 新闻出现的次数　　　　B. 产品知名度
   C. 公共销售额　　　　　　D. 公众态度
6. 下列(　　)不属于人员推销。
   A. 物流企业派出推销人员直接与顾客接触
   B. 物流公司人员与客户洽谈
   C. 物流企业派出员工进行商品宣传
   D. 物流公司人员承诺客户可以降价购买
7. 物流广告策略一般包括5个主要步骤,简称5M。下列(　　)不是物流广告策略5M的内容。
   A. 确定广告目标　　　　　B. 广告效果反馈
   C. 选择广告媒体　　　　　D. 确定广告群体
8. 下列(　　)不是公共关系所包含的三要素。
   A. 组织　　B. 传播　　C. 公关　　D. 公众
9. 下列不属于拉式策略步骤的是(　　)。
   A. 把物流服务信息通过广告等直接介绍给目标市场客户
   B. 把物流服务介绍给目标客户,使客户产生强烈的购买欲望
   C. 以营业推广为主,辅之以提醒式广告
   D. 形成急切的市场需要,然后拉引中间商经销本企业的物流服务
10. 在物流企业人员推销活动中,一般不采用的策略是(　　)。
    A. 试探性策略　　B. 针对性策略　　C. 降价性策略　　D. 诱导性策略

二、简答题

1. 有人认为,"销售人员管理是比分销渠道还要重要的营销问题",你是否同意这种说法?
2. 选择几则广告,比较它们各自的优、缺点。

3.简述物流服务人员销售的过程。

4.简述选择促销策略时需要考虑的因素。

5.简述物流企业公共关系活动的方式。

6.简述物流企业人员推销的过程及作用。

【实训设计】

1.某物流公司打算针对中秋节的月饼运输开展一次促销活动,请分析:

(1)该公司最好选择哪种方式进行促销？为什么？

(2)如何实施这种促销？

2.假设端午节即将来临,请你为校园某超市设计一份主题为"回忆端午文化,品尝风味美棕"的营业推广活动方案。

项目八　物流客户服务管理

【知识目标】

1. 理解物流服务要素。
2. 掌握物流客户识别的概念、意义、原则、方法和步骤。
3. 掌握物流客户开发的流程、客户信息的获取。
4. 理解物流客户信息分析。
5. 物流客户服务管理的概念和流程。
6. 掌握物流客户满意度管理的概念和测评步骤。

【技能目标】

1. 能够根据物流客户的识别方法、步骤识别,具备初步识别客户的能力。
2. 能够熟练掌握物流客户服务管理的流程,优化物流服务管理。

【导入案例】

去年冬天,王女士从某电商购买了一箱苹果,同时从其微信朋友圈购买了一箱猕猴桃。几天后,王女士查询到网购苹果已签收,她到指定地点去查看时,发现自己的水果还没有到。第二天,王女士接到电话取快递,回家后王女士打开快递箱发现有五六个猕猴桃冻坏了,于是马上和微信卖家联系,卖家承诺给予赔偿。第二天八点,王女士收到微信卖家25元微信现金红包,总价值60元的猕猴桃一箱有30个左右,只冻坏五六个商家却赔了近一半的价格,王女士非常感动。同一天下午,王女士接到电话到昨天指定地点取快递,却发现苹果箱损坏,苹果只剩下几个,在王女士多次责问下,经理称:水果在运输保管途中因气候原因变质、腐烂,尚好的部分让工人吃掉了,因此只剩下这么点。当王女士联系卖家时,卖家联系物流客服,客服给出的答复是现在马上过年了,快递员少、投送量大,如果处罚怕他们辞职,快递就更没有人送了。请卖家和王女士谅解,至于赔偿需要等到年后。

请思考以下问题:

1. 为什么会出现快递破损的事情?物流流程管理哪些地方出现问题?
2. 物流出现问题需要赔偿客户时,为什么客户得不到及时赔偿?需要做哪些改进?

任务一　物流客户服务概述

当今世界,随着竞争的加剧,竞争的焦点已经从产品的竞争转向品牌、服务和客户资源的竞争。通过和客户保持一种长期、良好的合作关系,给客户提供良好的服务,赢得客户的满意和信任,就能通过为客户的服务实现企业的利润最大化。任何能让客户满意程度提高的服务项目,都属于客户服务的范畴。

客户服务是一种体现绩效水平和管理理念的活动,将企业与客户看成是一种互动的关系,在互动中实现合作双方的共同成长。对物流客户服务而言,通过节省成本费用为整个物流交易提供重要的附加价值的过程。物流企业通过客户服务增加新的客户,留住老客户。

随着我国市场经济的快速发展,多数物流企业在物流服务理念和竞争方式上也发生了较大的改变。对物流企业来说,掌握服务精髓,对物流企业在竞争中保持持续的竞争地位是极为重要的。

在物流行业中,客户服务是一个过程,具有经营管理的功能,企业通过它来保持与客户的联系,获得了解和支持。

LGC德国物流中心,倾心服务全球客户

物流客户服务根据物流服务的流程,将服务要素分为交易前服务要素、交易服务要素和交易后服务要素。这3个阶段需要承担不同的任务。

一、交易前服务要素

交易前服务物流企业需要了解客户的需求和期望、进行有针对性的服务设计,是一种积极的超前的客户服务活动,具体内容包括客户需求调查、物流服务的特色设计和客户宣传咨询。

(一)物流客户需求调查

物流客户需求调查是做好客户服务工作的第一步。物流公司与客户通过一定方式,进行信息沟通,分析并确认客户的真正物流需求,在此基础上制定企业的物流服务战略和策略,从而策划推出合适的物流服务产品。除维持老客户外,对潜在客户群的调查扩大也是非常重要的,客户群的扩大,是物流企业扩大市场占有率的基础和客户服务工作的重点。

(二)物流服务的特色设计

物流服务产品的开发与设计是保证物流服务产品质量的重要手段,服务过程和服务特色的设计是物流服务质量的核心,一般分为3个步骤,根据市场调研的结果,制定具体的服务标准；设计出服务流程；制定服务过程的质量控制规范,保证服务程序的严格执行。

（三）物流客户宣传咨询

物流企业应当向客户提供有针对性的物流管理咨询服务,使客户充分了解物流公司流程和特色,便于客户与物流公司互动。

二、交易服务要素

物流企业在获得客户订单后,只是提供良好物流服务产品的开端,物流客户服务进入按照服务标准运营阶段,这时候开始考虑交易服务要素。与客户直接相关的物流交易服务要素主要包括处理订单的时间、备货时间、运输时间。与物流企业运行效率相关的服务要素包括库存可靠性、库存利用率、加工配送协调能力、信用服务能力。

三、交易后服务要素

物流运输交货后,是物流企业同客户的交易过程结束,但客户服务并没有结束,而是进入获取客户对物流服务是否满意的调查阶段,这一阶段是物流服务的关键部分,主要包括发票确认、客户意见征询及客户意见处理、货物损毁处理。交易后服务要素的实施,既是检查物流公司对交易服务要素的实施结果,也是发现服务产品中的不足并改进提高的重要时期,还是新一轮交易服务前的开始。

任务二 物流客户关系管理

物流服务是面向所有有物流服务产品需求的客户的,因此从理论上讲,所有的消费者都有可能成为物流企业的客户。但在现实中,由于物流企业受到服务范围的限制,并不是所有消费者都会成为该物流公司物流服务的消费者,那么如何识别客户就显得非常重要了。

一、识别客户

（一）客户识别的定义

客户识别就是通过一系列技术手段,根据大量客户的特征、购买记录等可得数据,找出谁是企业的潜在客户,客户的需求是什么、哪类客户最有价值等,并把这些客户作为企业客户关系管理的实施对象,从而为企业成功实施客户关系管理提供保障。

在客户识别中,需要将客户作为实施关系管理的对象,他们对企业盈利起到至关重要的作用,而识别这些客户的特征和需求,对物流企业提高营销效率,制定合适的物流服务产品、增加企业利润非常重要。

（二）客户识别的意义

客户识别可以使得企业有目标地实施产品推广,提高企业实施客户关系管理的效率,它主要表现在对企业客户的保持和新客户的获取上。

如何避免客户主动流失

1. 客户识别对客户的保持

根据美国9个行业的调查数据显示,客户保持率增加5%,行业平均利润增加幅度在25%~85%之间。保持客户对公司的利润影响如此之大是因为两方面:一方面是保持这些客户的不流失,可以形成稳定的收入来源,并可以通过这些固定客户带动新的客户加入产品消费群体;另一方面是保持这些客户所需要的成本低得多,一般是获取新客户成本的1/6~1/4。在现有的客户中,并不是所有的客户都会同企业保持长期合作关系,如果不加以区别,会使得企业在保持客户关系上增加成本,尤其是维持计划离开的客户的关系,会付出比较大的成本,造成客户保持成本的浪费。因此,识别出不同的客户群体,有区别地开展客户关系维护,会大大节省企业维护客户保持成本。

2. 客户识别对新客户的获取

物流企业在客户关系管理中,会将重点放在客户保持上。物流企业的客户是处于动态过程的,在这个动态过程中,既需要保持既有客户,又需要获取新客户。在新客户获取的过程中,需要分析消费人群,还需要分析不同的消费人群对不同的消费产品的偏好。当物流公司推出服务产品时,就需要识别最有可能成为新客户的潜在客户,有针对性地开展工作,这样既可以提高新客户的获取效率,还可以避免无谓的获取成本投入。

(三)客户识别的原则

识别客户的过程中,所面对的客户存在不同的情况,为了提高客户的识别度,尤其是对潜在客户的识别度,需要遵循一定的原则。

1. 重点突出

大客户虽然所占数量较少,但利润的绝大部分来自于大客户,识别并维持大客户是客户识别的重中之重。

2. 关注长期客户

长期客户不仅能为企业带来长期稳定的利润,还是新客户的重要介绍人,在识别客户时,必须重点落实。

3. 注重弹性客户

弹性客户需要不断地改进产品,这类客户非常关注物流服务产品的质量,注重这类弹性客户,他们能够非常出色地反馈产品服务中的问题,同时给出非常中肯的建议,这类客户的识别,对于提高物流服务产品质量,提供特色服务产品,具有重要价值。

4. 考虑重要合作对象的财务前景

对于大客户,需要考察他们与物流公司的财务前景。物流企业往往与大客户签订的是长期合作计划,如果大客户出现财务异动,物流企业也会受到一定的影响。这些财务问题可能是大客户选择其他物流服务商,也可能是自己有一定的物流能力,还可能是企业出现问题。物流企业需要根据与大客户的财务往来发现问题,提前做出反应。

(四)客户识别的方法

如何识别客户,特别是重点客户,许多企业采取"二八原则",他们是指承担了80%销量或提供了80%利润的一类客户,这类客户只占企业客户总数的20%。这种办法简单明了,但在实际营销过程中,情况往往要比较复杂,还需要考虑公司的战略目标、营销目标、细分市场和竞争对手等情况。

1. 根据企业与客户的互动关系

企业在与客户进行业务往来时,往往形成互动,在划分企业与客户之间不同程度的关系水平时,需要重点分析企业与客户通过互动所得到的客户信息。

通过对这些信息的分析,区分出重点客户、长期客户、潜在客户、弹性客户和随机客户,根据他们不同的特征采取相对应的客户保持方法。

2. 根据客户对企业的忠诚度

这种方法认为重点客户是位于最顶层的"忠实客户",他们愿意与企业建立并保持长期、稳定的关系,愿意为企业提供的产品和服务承担合适的价格,并为企业的产品及服务做免费宣传。这种方法的缺点是由于忠实客户的偏好,使得企业在提供服务产品时,往往不能正确及时了解市场所需,造成企业迟钝,竞争力降低。

3. 根据客户的盈利性

这种方法只追求利润最大化,通过最小的投入得到最大的回报,重视盈利高、能力强的大客户,而忽视长期客户和潜在客户。

(五)客户识别的步骤

客户区分是物流客户实施管理的一个重要环节,企业区分客户的步骤一般分为以下3个。

1. 确定区分标准

确定区分标准是区分客户的基础,是区分客户的依据制定阶段。根据企业不同的战略规划和销售策略,区分客户依据是不同的,可以从客户给企业带来的利润区分,还可以从合作时间上区分,或者是从忠诚度上区分,但企业在区分客户时,需要明确采用哪一种标准,或者是采用组合标准。

2. 区分不同的客户

根据企业不同的需求制定好标准之后,就可以根据选定的标准,将客户区分为不同的类别。但需要注意的是,即使是根据同样的标准,不同企业得出的客户类别也存在较大的差异,因此在这个过程中,需要注意的是如何确定客户类别的多少,注意适度性原则,过于宽泛的客户区分会混淆不同客户的特征,难以为后续的营销活动提供有力的支撑,太过细致的客户区分则意味着较高的成本,有时候企业也根本不需要区分太细。

3. 分析不同客户的特征

在根据一定标准将客户细分为不同的类别之后,就需要寻找各类客户的特征。这一过程需要做好两方面:一是寻找不同客户类别群的共同特征;二是寻找不同客户类别群之间的差异,分析造成这种差异的关键原因是什么。

二、客户开发流程

物流客户开发工作是物流服务产品销售的第一步,需要通过多种方式进行。在客户开发过程中,需要对有实力和有意向的客户重点沟通,最终完成客户开发任务。在开发过程中,需要根据企业自身资源情况,制定企业战略发展方向,了解竞争对手,制定合适物流服务产品,从而吸引客户。

在完成对潜在客户的区分后,就应该有目标地开展客户的开发,客户开发一般包含以下几个流程:寻找客户、识别客户、接近客户、与客户交流、交易达成、售后工作。

(一)寻找客户

寻找客户首先要确定企业产品所面对的消费群体,可以通过访问、广告、老客户介绍、资料查询、电话询问等多种办法,这是完成客户资料的第一步。

(二)识别客户

识别客户就是区分潜在消费者和不会成为消费者的一般人。在做区分时企业应该根据自身企业战略规划和产品特点,结合潜在客户的需求,有针对性地整理客户资料。

(三)接近客户

接近客户需要制订一定的拜访计划,给客户一个良好印象的开端,使得客户愿意交谈。

(四)与客户交流

营销人员需要非常熟悉自己和竞争对手的产品,熟悉产品的比较优势,并通过和客户的初步交谈了解客户的需求,推出符合客户的产品。在这个阶段需要注意,与客户交谈是需要以客户的需求为导向的,只有客户愿意深入交谈才能打动客户购买产品。

(五)交易达成

与客户成交是客户开发的关键一步,在交易达成前,一定要和客户重述交易内容,并对一些可能产生理解偏差的内容做出解释,有条件的可以准备一份协议,以便消除客户对交易内容出现偏差的顾虑。

(六)售后工作

交易达成后,并不代表客户开发工作的结束,而是服务的开端,为了给客户提供满意的服务,还需要及时回访、收集客户对产品的意见和建议,并对所提意见和建议做出回复。

三、客户信息管理

随着社会生产能力的增强,市场竞争越来越激烈,越来越多的公司认识到,客户需求是公司生产的方向标,无论对新客户还是老客户,通过客户信息管理了解客户需求,为客户提供满意的产品和服务成为企业发展的根本方向,因此,很多公司把客户信息管理看成是企业的核心资产来维护。

(一)客户信息收集

客户信息是指企业客户的基本资料,以及购买企业产品记录的信息。它记录并通过记录分析了客户喜好、客户细分、客户需求、客户联系方式等一些关于客户的基本资料。更详细的客户信息还包括客户的经营状况、财务状况以及客户经营发展动向、企业经营战略伙伴等情况。

1. 客户信息收集的目的

客户信息收集是企业进行客户分析的前提和基础,这个过程要设计好信息收集的方式和内容,才能比较精准地了解客户,获得准确的客户信息。

(1)获得客户消费需求。物流服务产品的推出,是为了满足客户的需求,但产品和客户需求往往会产生偏差,导致客户消费满意度下降,物流企业也会受到一定损失。为了更加了解客户需求,就要通过客户信息收集的办法,推出能够更加满足消费者需求的服务产品,最大程度上产生消费者剩余。

(2)获得客户意见和建议。客户信息收集的过程,还是企业倾听客户意见获取宝贵建议的过程,通过这个过程,企业可以最大程度上了解客户需求,了解客户对企业的期望。

(3)维护客户关系。通过客户信息收集,可以拉近客户与企业距离,了解客户需求,维护企业与客户的关系。

(4)分析客户与分类。通过客户信息收集,可以了解客户的关注,比较准确定位类别,优化客户关系管理体系,便于企业更好地推出定制化的服务产品。

(5)通过获取客户信息间接了解竞争对手策略。企业的客户可能有几个相互处于竞争的合作伙伴,通过客户信息收集,客户可以反映他们对企业和竞争对手的不同看法,企业通过这种办法可以间接了解竞争对手的策略。

2. 客户信息的来源

对于物流企业而言,客户主要是企业,中、小企业所占比例会更多一些,收集这些企业的信息,就需要通过多种信息来源途径。

(1)通过固定媒体获取信息。根据客户企业的不同特点,企业获得客户信息的方式各有所侧重,企业黄页所载信息数量大、行业全而多,可以集中获取但更新不太及时,互联网、行业网站信息多,比较集中,但信息真实性需要进一步确认;报刊杂志信息数量少,但比较专业、及时;而路牌广告主要是大企业的信息,数量少。

(2)通过活动场所获取信息。主要是通过展会、招聘会,这类信息由于行业集中度比较高,获取的信息价值也比较高,获取成本却比较低,是企业获取客户信息的重要途径。另外一个重要途径是通过朋友介绍、客户介绍等,这类信息数量少,但信息非常稳定,可行性非常高。

3. 客户信息收集的内容

客户信息的收集内容主要分为四方面:客户档案资料、基本经营资料、客户特征资料、业务状况资料。对于一些重要客户,还需要了解客户的历史背景和信用状况。

(1)客户档案资料:客户类别、名称、地址、联系电话、经营项目、经营规模、经营时间、信用级别、付款方式、所需产品种类、产品需求量、供应商结构、毛利率标准等。

(2)基本经营资料:营业执照复印件、采购合同、补充采购合同、各项证明书、税务登记证复印件。

(3)客户特征资料:资金实力、固定资产、不动产所有权、发展潜力、经营观念、经营方向、经营政策、内部管理状况、经营历史等。

(4)业务状况资料:财务表现、销售变动趋势、内部人员素质品行、与本公司的业务关系及合作态度。

(5)信用状况:银行贷款状况、付款记录、担保记录、同行评价、实地考察和行业分析。

4. 客户信息收集的方法

企业收集信息的方法很多,可以自行收集客户信息,也可以从公共渠道取得客户信息,还可以委托专业资信调查机构收集客户信息。

自行收集客户信息资料时,信息来源主要是客户提供。但客户提供信息时,为了收益最大化,往往只提供对自身有利的信息而回避对自身不利的信息,这样就造成信息源天然的不准确,加上自行收集客户信息的人员不是专业信息收集员,会产生二次偏差,最后造成信息收集结果不准确。自行收集客户信息资料对小客户比较合适。

企业还可以选择通过公共信息渠道收集客户信息,这种方式主要是通过电视互联网、报纸杂志等途径,这种方式收集信息时,信息量大,速度快,但可靠性比较低,有些还需要验证。对物流企业来说,可以通过一些行业网站和行业杂志来收集信息,还可以通过访问客户官方网站的方式获取,可以一定程度上提高信息的可信性。通过公共信息渠道收集客户信息对中等客户比较合适。

企业还可以选择委托专业调查机构来收集信息,选择专业机构时,要注意这些机构的信誉程度、专业素质等关键因素,这种收集方式主要适用于大客户。在收集大客户信息时,物流企业还要采用拜访和面谈的方式同时进行,通过拜访和面谈,不仅可以拉近与客户的距离,维护客户关系,还可以通过拜访和面谈,了解客户需求、客户战略方向,为定制化服务产品提供基础资料。

(二)客户信息分析

收集客户信息只是建立客户关系的第一步,获得企业可用的客户系统信息,还需要对客户所在的环境进行分析。

1. 客户环境分析

客户分析包括行业分析、市场环境分析和大客户分析。

(1)行业分析。行业分析是了解客户所处的由同行业竞争及发展态势所形成的经营环境,便于企业更好地了解客户的战略决策,以便通过提供定制化的物流服务产品满足客户需求。

(2)市场环境分析。市场环境的分析可以确立企业的目标市场,还可以分析竞争对手和竞争对手的合作企业。

(3)大客户分析。按照"二八原则",大客户虽然占客户数量较少,但大客户购买力较强,是企业利润的主要来源,对企业发展至关重要。相对于中小客户,大客户在组织、人员关系和采购流程上都比较规范,也相对复杂一些,企业需要针对大客户建立专门的销售团队,进行需求分析、定制服务产品、签订合同、服务跟踪、售后回访、档案整理等。同时,由于大客户与企业交易额较大,对企业构成的风险也较大,需要对大客户进行的甄别,分析。

2. 客户盈利能力分析

客户良好盈利能力是企业良好财务状况的保证,企业希望合作伙伴具有良好的财务状况,以降低自身风险。对客户的财务分析一般采用6C分析法,即分析客户的资本、经济状况、能力、品德、担保品和连续性。

(1)资本(Capital)。资本是企业维持运营、组织生产的基础,企业对客户进行盈利能力分析时,对企业资本情况应该做一个详细的评估,既做到不失去一个优秀客户,又避免被客户所面临的风险拖累。

(2)经济状况(Condition)。客户的经济状况主要指客户的经营收入能力和运营支出情况。良好的经济状况是有合适的盈余的,在了解客户的经济状况时,还需要了解客户所处行业的经济周期、竞争对手等影响客户未来经济状况的因素。

(3)能力(Capacity)。能力是指客户的经营能力、管理能力和盈利能力,这些能力决定了客户在一定时期内良好的财务状况,以及公司运营的稳定性。能力还包括客户企业的创新能力、企业在发展过程中的增长能力。

(4)品德(Character)。品德是指客户的声誉,是对合作伙伴的承诺、责任心,以及对合同的履行力。客户信誉需要通过企业与客户长期合作的记录来得出,也可以参考、借助业内人的评价。

(5)担保品(Collateral)。担保品是指客户资本的组成,是客户的变现能力,同时也是客户经营实力的重要体现。

(6)连续性(Continuity)。连续性是指客户公司经营状况的持续性。在竞争日趋激烈的现代商业市场,产品更新更快,连续性体现客户对于现代竞争的适应能力,是企业持续保持良好财务状况的根本保证。

四、物流客户价值管理

物流客户关系管理系统的核心是对客户数据的管理,客户数据库是企业重要的数据中心,这些数据记录物流企业在市场营销与销售过程中和客户发生的各种交互行为、企业对客户的分类、客户信誉评价、客户企业运营状况、财务状况和各类有关活动的状态,为物流企业决策提供各类数据模型,为后期的分析和决策提供数据支持。

物流客户关系管理的核心是客户价值管理。每个客户对于物流企业的意义是不同的,物流企业需要对客户进行分类,也就是对客户为物流企业创造的价值进行分类,并根据这种分类区分客户价值并提供与之匹配的差异化客户策略。对任何物流企业,资源是有限的,不可能让每一个客户都非常满意,为高价值客户提供更优质的物流产品和服务,为普通客户提供普通标准的物流产品和服务,以达到有效配置企业资源的目的,达到物流企业效益最大化。

找到高价值客户,进行更深层次的分析,挖掘其价值,提供满足客户需求和心理期望的物流产品和服务,从而使高价值客户保持较高的忠诚度,这就是物流客户价值管理的核心。

(一)物流客户价值的定义

物流客户价值管理是物流客户关系管理成功应用的基础和核心。物流客户价值管理就是物流企业根据客户交易的历史数据和企业数据库信息,对客户企业运营生命周期价值进行比较和分析,发现最有价值的当前和潜在客户,通过提供差异化的物流服务产品,满足其对物流服务的个性化需求,提高客户忠诚度和保持率。

(二)物流客户价值的分类

物流企业根据客户价值对客户进行分类时,往往将客户价值分为既成价值、潜在价值和影响价值三类。

1. 既成价值

既成价值是指物流企业与客户进行业务往来时,往来关系会保持一段时间,在这个过程中,客户对物流企业的价值体现除了物流公司利润的增加、成本的节约,还有另外一个重要贡献,就是客户的既成影响价值。

2. 潜在价值

潜在价值是指如果物流公司对客户的个性化服务得到保持,客户将在未来增加对物流服务产品的购买量,这种增量购买将给企业带来新的价值。潜在价值主要考虑两个因素:一是物流企业与客户可能的持续交易时间,二是客户在交易期内未来每年可能为物流企业提供的利润。

3. 影响价值

影响价值是指当客户对物流服务产品高度满意时,不仅仅自己会持续购买公司产品,还会通过他们的指引或者参考意见,影响其他客户前来进行购买所产生的价值。这种影响特别是一些知名客户的影响往往是巨大的,它是对物流企业的直接认可和宣传,有时甚至成为物流企业的广告内容。

通过不同价值管理,提供个性服务产品,满足不同价值客户的个性化需求,提高客户忠诚度和保有率,实现客户价值持续贡献,从而全面提升企业赢利能力。

(三)物流客户价值管理的意义

物流企业的客户价值管理,主要是出于提高客户的满意度和提高自身的竞争优势展开的。

1. 客户价值与客户满意度

客户满意度也叫客户满意指数,是一个相对的概念,是客户期望值与客户体验的匹配程度。换言之,就是客户通过对一种产品或服务可感知的效果与其期望值相比较后得出的指数,是客户对产品使用的总体评估。

客户在购买物流服务产品之前,客户的价值感知直接影响着购买意图或重复意图的形成,而购买之后,因为客户已经拥有消费经验,客户通过购买物流服务产品获得的效用与期望值的差距会通过消费者满意度体现出来。

在客户购买物流服务产品时,会产生一个期望值,购买服务产品后会获得消费效用,从而产生一个消费者满意度。消费者就是通过对期望值和效用值的比较,产生消费者满意度,从而对物流服务产品做出评价。

2. 客户价值与竞争优势

企业竞争的优势就是尽可能地为消费者创造消费者剩余,所谓消费者剩余是指消费者购买商品时愿意支付的最高总价格和实际支付的总价格之差,是消费者购买商品时所得好处的总和。

如果物流企业提供的服务产品能够为消费者创造比其他竞争对手更高的消费者剩余,则客户获得的满意度是比较高的,从而赢得更多的客户,这样物流企业就通过创造的竞争优势拥有了维持长期收益的客户,这就是客户价值对形成竞争优势的贡献。

按照德易(Day)和温斯利(Wensley)的观点:"为客户创造并传递超凡的价值是实现卓越绩效的基础。"客户对价值来源的评价是多方面的,如物流服务产品价格、物流服务客服、物流运输时间、物流运输包装、物流运输环境、货物交接环节等,甚至还包括物流企业通过自身物流优势、运用大数据分析企业运行环境变化等,这些都能够体现在客户的满意度和物流服务产品的销售增长上。

因此,许多物流企业非常重视对客户满意度的调查,经常测评客户满意度,及时获得客户的满意度反馈,客观评价自身企业运营情况,不断提高消费者剩余创新水平,有效管理客户满意度。

(四)物流客户价值的组成

物流客户价值按照分类标准的不同,结果也不同。按照物流客户创造的价值分类,可以分为高价值客户、中等价值客户和普通价值客户;按照客户与企业发展的战略匹配度来分,可以分为战略客户、利润客户、潜力客户和普通客户;按照给企业创造价值的时间来分,可以分为当前价值和潜在增值潜力。分析客户的当前价值和潜在价值时,常用直接指标和间接指标。

1. 客户当前价值

(1)直接指标。评价客户当前价值最直接的指标就是净利润,净利润是客户毛利润和客户成本之差,反映的是客户为物流企业创造的纯利润,是评价客户价值的最有效办法。

(2)间接指标。间接衡量客户的指标主要有毛利润、购买量和服务成本。

需要注意的是,有些客户虽然购买了较大量的物流服务产品,但由于获取物流服务价格低、服务成本高,对企业的利润贡献率却不一定大,真正的优质客户是为企业创造尽可能大的纯利润的客户。

2. 客户增值潜力

(1)直接指标。客户公司运营的持续性是客户创造潜在价值的根本,从与客户交易开始到与客户交易结束,这段时间内产生的所有净现金流就成为客户长期价值。

(2)间接指标。间接指标是客户可以继续为物流公司带来增值潜力的参考依据,包括客户忠诚、客户对物流企业的信任、客户的信誉等。另外还有一类指标需要注意,主要有客户的经营能力、客户所处市场环境和客户企业生命周期,这些因素可以影响客户企业经营规模发生变化从而影响到给物流企业带来的净现金流。

(五)提高物流客户价值的策略

顾客在购买物流服务产品时,总是会考虑成本和从服务产品获得的收益,从而使自己的需要得到最大限度的满足。因此,顾客在选购物流服务产品时,会从价值与成本两方面对各个物流产品进行比较分析,从中选择出成本最低、价值最高的物流服务产品作为优选对象。作为物流企业,就需要从这两方面着手提高客户的效费比,使自己的产品为消费者所注意,吸引更多的潜在顾客,进而购买本企业的产品。

顾客购买物流服务产品的总成本是指顾客为购买物流服务产品所耗费的时间、精神、体力以及所支付的货币资金等,因此,顾客总成本包括货币成本、时间成本、精神成本和体力成本。客户获得的价值就是客户从服务产品中获得的总收益与顾客总成本之间的差额。企业可以努力使差额变大,从而提升客户价值,增强企业竞争力。一是通过改进物流服务产品、提高物流过程中的服务、改善人员与形象,提高产品的总价值;二是通过减少顾客购买服务产品的所耗费时间、精神与体力,降低非货币成本。

1. 物流服务产品价值

物流服务产品价值是由服务产品的运输质量、运输规格、运输式样等因素所产生的价值,是顾客选择物流服务所考虑的首要因素。要提高物流产品价值,就必须把产品创新放在企业经营工作的首位。

2. 物流服务价值

物流服务价值是指物流企业向顾客提供满意的物流服务所产生的价值。如今物流产品的差异化越来越小,在高度发达的市场竞争中,物流服务价值不能以被动的竞争形式存在,物流企业应当把核心服务和追加服务共同提升起来,做到当客户有疑问时,能在第一时间解答;当客户投诉时,能迅速做出回应;当客户有困难时,不仅能够理解还能给出几种参考意见或解决方案。

3. 员工价值

员工价值是指企业员工的经营思想、知识水平、业务能力、工作效率与经营作风以及应变能力等所产生的价值。随着市场竞争的日益激烈,物流企业的优势已不再局限于物流服务产品或服务本身,与产品和服务紧密相关的企业内在服务质量已受到了越来越多的重视。如果企业能够加强内部管理,更好地为自己的员工服务,就可以实现员工满意,创造员工价值,进而使企业获得利润。

4. 形象价值

形象价值是指企业及其产品在社会公众中形成的总体形象所产生的价值。形象价值是企业各种内在要素质量的反映,也是高标准服务的体现。企业形象塑造得好,品牌打造得好,顾客所获得的价值也会增加。

为了更大限度地提高消费者剩余,提高客户效费比,在提高企业创造客户价值的同时,还需要降低客户购买服务产品的总成本。

通常情况下,顾客购买服务商品首先要考虑服务产品的价格,但顾客在购买服务商品时所耗费的时间、精力等因素也会成为其购买决策的重要影响因素。因此,企业要想创造最大的效费比,使顾客能充分满意,就必须解决如何帮助顾客降低非货币成本的问题。

5. 时间成本

为降低客户购买物流产品的时间成本,企业经营者需要在经营网点的广泛度上做一个合理的安排,随着互联网应用的普及化,网络服务可以有效地缓解经营网点和经营成本的矛盾。物流企业需要在保证服务质量的前提下,尽可能减少顾客为服务所花费的时间支出,从而降低顾客购买成本,增强企业产品的市场竞争力,提升客户的价值。

6. 精神和体力成本

精神和体力成本是指顾客购买物流服务产品时,在精神、体力方面的耗费与支出。物流企业应采取有力的营销措施,从企业经营的各个方面和各个环节,特别是对互联网的应用,为顾客提供便利,使顾客以尽可能小的成本耗费,获得尽可能大的实际价值。

任务三 物流客户服务质量管理

物流客户服务质量管理就是依据物流系统运动的客观规律,为满足客户的服务需要,通过制定科学合理的标准,运用经济办法开展的策划、组织、计划、实施、检查和监督、审核等所有管理活动的过程。

服务质量是物流企业生存和发展的根本,近年来随着物流业的快速发展,物流服务质量日益受到行业和客户的重视,通过合理科学的客户服务质量管理体系来提高物流服务质量成为了共识。

一、物流客户服务质量

物流客户服务质量是物流企业通过提供物流服务达到的服务质量标准、满足客户需要的保证程度、客户感知到的物流服务水平的集合。

物流客户服务质量可以通过服务标准设计、服务质量提供、服务质量控制来提供,在服务过程中还需要做好物流客户服务过程和物流客户服务结果的管理,并与客户形成过程和结果的共识,即形成客户对物流服务质量的体验和预期,最终形成物流客户感知的服务质量。

二、物流客户服务管理的流程

物流客户服务质量管理是根据科学合理的标准,通过策划、组织、计划、实施、检查和监督、审核等管理活动来满足客户需求的过程。

物流客户服务质量管理过程主要包含两方面:一方面是质量保证,另一方面是质量控制。质量保证是包括物流客户服务质量标准的制定、改进、更新、再制定、再改进、再更新,是一个动态和固态相结合的过程,这个过程的实施是一系列有组织、有计划的活动。质量控制是质量保证的必要条件,是以质量保证为目标,一系列的纠偏、控制、协调、实施的调节管理过程。物流客户服务管理的流程如图 8-1 所示。

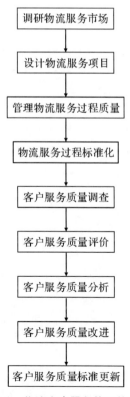

图 8-1 物流客户服务管理的流程

(一)调研物流服务市场

物流调研是确定物流企业战略、规划物流服务产品、制定物流客户服务标准的基础,在调研过程中需要对影响物流企业运营的宏观环境有一个战略判定,需要分析物流行业的发展现状、发展趋势以及存在的机会和挑战,需要对物流企业自身的优势和不足做明确认识,需要对市场需求和客户需求做一个深入的分析。

(二)设计物流服务项目

在调研基础上,物流企业需要根据市场需求和企业自身优势设计物流服务项目,这些服务项目根据客户分类不同,提供的服务标准也要有所差别。物流企业由于资源限制,需要做到有重点、有分类地制定服务标准,以便实现物流公司利润。

(三)管理物流服务过程质量

物流服务过程质量的管理主要通过以下几方面:明确管理目标、制定管理标准、运用管理方法、进行管理评估。

(四)物流服务过程标准化

物流服务过程标准化是指对物流服务过程中设计的服务产品、工作流程、包装、装卸、运输或服务等普遍的活动规定统一的标准,并且对这个标准进行贯彻实施的整个过程。标准化对于保障物流运作无缝衔接、管理流程制度化、程序化、最大限度地节省投资和流通费用以及提高服务质量有重要意义。

(五)客户服务质量调查

物流管理实施过程中,难免和客户期望出现偏差,这就需要物流公司定期或不定期地对客户进行服务情况调查,并将调查结果与客户服务标准进行比较。

(六)客户服务质量评价

物流公司对客户的意见和建议进行汇总,将汇总情况与物流公司服务标准进行对比,找出物流服务中出现偏差原因,并对公司自身的服务做出评价,同时找出客户提出意见的原因。

(七)客户服务质量分析

物流公司通过服务质量评价,发现服务标准和标准执行中出现的问题,判定原有服务质量与客户需求的差距,并判定引起这种差距的服务质量标准的可改进性。

(八)客户服务质量改进

找到影响服务质量标准的因素后,结合物流公司的实际情况,判定服务质量标准能否改进。需要注意的是,对于普通物流客户,物流公司由于成本控制,一般不会给出非常高的服务质量标准。

(九)客户服务质量标准更新

在确定服务质量可以应用的新标准以及物流公司通过相关审批程序后,需要将新的服务质量标准通知到相关部门,以便物流公司作为一个整体相互协调标准,为下次服务做好准备。

任务四 物流客户满意度管理

一、物流客户满意度

物流客户满意度是客户对所购买的产品和服务的满意程度,以及能够期待他们未来继续购买的可能性,它是客户满意程度的感知性评价指标。这种感觉决定他们是否继续购买物流企业的服务。影响客户满意度的因素是客户期望和客户评价,决定客户满意度的是客户期望和企业提供的服务标准之间的差距。

当事前期望小于实际评价时,超过客户的期望,客户满意度较高,会继续购买服务产品。当事前期望等于实际评价时,符合客户的期望,客户满意度很小,会处于观望状态。当事前期望大于实际评价时,未达到客户的期望,客户满意度为负,会失去客户。

物流客户满意战略的核心思想是:物流企业的经营活动都要从满足客户需要出发,以量体裁衣的方式提高客户对企业的总体满意度,营造适合企业生存发展的良好内外部环境。

在物流企业为客户提供服务前、中、后服务时,需要及时跟踪研究客户对物流服务的满意程度,对比服务质量标准,及时分析客户反馈,加强对物流服务过程的控制以及售后服务。

物流客户满意战略实施包括物流服务质量制定、建立信息沟通体系、加强对物流服务过程的控制、服务承诺和服务补救五个环节。

(一)物流服务质量制定

每个物流公司都有自己的服务标准,各个物流公司推出物流服务产品时,都会依据自身的服务标准提供相应的服务内容,这个服务内容涉及从与客户接触到完成订单任务的每个环节,以保证服务符合质量标准。

(二)建立信息沟通体系

物流公司提供服务产品时,需要通过合适的沟通渠道与客户进行沟通,在获得客户反馈意见的同时,物流公司也需要将物流服务信息及时提供给客户,以提高客户购买服务产品的满意度。需要注意的是,物流产品的设计者越接近客户,越容易了解客户需求,就越容易得到有效反馈信息,从而设计出满足客户需求的服务产品。

(三)加强对物流服务过程的控制

加强对物流服务过程的控制实际上是控制物流服务过程中的各个环节,严格按照服务质量标准推进。在物流服务环节中,服务过程对客户满意度影响最大,如果服务过程质量非常高,使客户非常满意,客户满意度就会高,对企业也会忠诚。因此,物流企业应坚持对服务过程尤其是对服务关键节点加强监督和控制,保证服务质量得到持续改进,并形成服务优势,获得较高的客户满意度。

（四）服务承诺

服务承诺是高度重视客户利益，保证物流公司的服务产品质量、售后服务，不发布虚假信息，无欺诈消费者的行为，同时向客户预示服务质量和效果，并对服务质量或效果予以保证的行为。

（五）服务补救

在物流服务中，由于服务中的不可控制性，会出现与服务质量标准不吻合的偏差，会大大降低客户满意度，影响物流公司声誉。为了弥补这种不可控制给客户造成的损失，物流企业需要建立一个有效的服务补救系统。当物流公司发现服务偏差或客户提出异议时，需要及时道歉或赔偿，及时、有效地解决服务失误，并从质量问题和服务问题中找到发生偏差的原因，不断完善服务补救系统。

二、物流客户满意度的衡量标准

客户满意度是一种主观评价，其本质是将物流服务的可感知效果与其期望值相比较后，形成愉悦或失望的感觉状态，同时还受到比如心情、身体状况等多种因素的影响，这样就造成客户满意度难测定、不稳定。在实际工作中，一般采取以下标准来测量。

（一）**客户重复购买物流服务产品次数及重复购买率**

这是衡量客户满意度的重要标准，从消费心理角度分析，当客户对某物流公司服务质量不满意时，会采取报复心理，减少或拒绝继续购买该物流公司的服务产品；反之，则会增加购买量或频率。作为一个心理反馈，其他原因也会影响重复购买，需要在满意度测评时考虑到干扰项，以便提高准确率。

（二）**客户购买某物流公司服务产品数量百分比**

客户购买物流公司某种物流服务产品占客户购买该公司物流服务产品的百分比，或客户购买某物流公司服务产品占该客户购买所有物流服务产品的百分比，这个百分比的变化可能受到客户企业运营情况变化的影响，也可能是受到物流服务质量影响导致客户满意度发生变化所引起。

（三）**客户购买物流服务产品的挑选时间**

客户挑选产品时间越短，说明他对这一产品的满意度越高，反之越低。

（四）**客户对价格的敏感程度**

从客户对服务产品的价格敏感度上也可以反映出客户对物流产品的满意程度。从消费者的偏好角度看，客户对服务产品越偏好，对该产品的价格越迟钝，反之则越敏感。

（五）**客户对竞争产品或服务的态度**

物流服务产品或受到企业内部服务产品竞争，或受到企业外产品竞争，当客户对某种服务产品具有消费者偏好时，该服务产品被替代的可能性就比较小，客户满意度也比较高。

(六)客户对服务产品的承受能力

在客户购买物流服务产品后,出于各种原因,出现一般性服务质量或偶尔的质量问题,客户持宽容态度并继续购买服务产品,则表明客户对服务产品满意度很高。

三、物流客户满意度测评步骤

物流客户满意度测评时需要坚持客观、真实的态度,因为客户满意度本身就是客户对物流服务产品的人为感受评价,所以在测评时要坚决避免人为因素干扰,而应本着以客户满意度为依据,从客户角度发现物流产品在设计时忽视的服务产品设计和客户需求间的偏差,在测评物流客户满意度时,需要经过确定测评类型、设计测评指标、确定测评方法、设计测评问卷、实施测评和撰写测评报告 6 个环节。

(一)确定测评类型

测试物流客户满意度时,一种测评是为客户定制物流服务产品的满意度,这种测评功能强、针对性强,可以很好地测评针对某个客户或某个服务产品的满意度;还有一种测评是通用性测评,这种测评获得的信息比较全面、系统,适应性强,但针对性不强。

(二)设计测评指标

在设计测评指标时,需要根据测评的目的不同设计不同的测试指标。有时是为了测评客户对服务产品质量的满意程度,有时是为了测评客户对售后服务的满意程度,有时是为了测评服务产品优势,目的不同测试指标也不同。

(三)确定测评方法

根据不同的测评目的和测评对象,测评使用的方法也是不同的,有些测评是大面积调查测评,有些是小面积深入拜访测评,在实际调查中,可根据调查问题的特点采用某种方法或综合使用几种方法。

(四)设计测评问卷

一个好的测评问卷是做好测评的基础,由于问卷需要客户直接回答,所以在设计测评问卷时,问卷内容和方式要容易使人接受,对于比较复杂的问题,需要有说明指导,还要设计客户可以提出意见和建议的选项内容。

(五)实施测评

实施测评阶段按照测评的难易程度,需要给调查员进行培训;对于高端客户的测评,则需要有专门的负责人来完成拜访式测评。

(六)撰写测评报告

撰写测评报告必须坚持客观公正、实事求是。测评报告需要对测评数据进行加工,在加工过程中需要对数据进行筛选,筛选过程要科学评价和分析。测评报告一般包括测评的背景和目的、测评的对象、调查和抽样方法、测评结论、对客户评价的分析、客户潜在需求分析、服务质量和服务环节存在的问题分析、对服务质量的改进建议。

[案例]

物流公司客户满意度调查问卷

尊敬的客户：

非常感谢您接收我们的客户满意度调查问卷，这次调查对我们很重要，通过调查我们可以发现我们服务产品的不足之处，以便及时改进，为您提供更好服务质量的产品。

1. 您的性别是：(单选题)
   ○ 男
   ○ 女

2. 您的年龄是：(单选题)
   ○ 20 岁以下
   ○ 20～30 岁
   ○ 30～40 岁
   ○ 40～50 岁
   ○ 50～60 岁
   ○ 60 岁以上

3. 您的职业是：(单选题)
   ○ 公务员
   ○ 企业领导
   ○ 普通管理
   ○ 技术人员
   ○ 一般职工
   ○ 学生
   ○ 待业
   ○ 其他

4. 您的月收入在：(单选题)
   ○ 2 000 元以下
   ○ 2 000～3 000 元
   ○ 3 000～5 000 元
   ○ 5 000～10 000 元
   ○ 1～10 万元
   ○ 10 万元以上

5. 您是通过哪种方式了解到 A 物流公司的？（可多选）
   ○ 网络宣传
   ○ 好友介绍

○ Email 邮件

○ QQ、论坛

○ 其他

6. 您最常使用的物流公司是＿＿＿＿＿＿＿＿＿＿＿＿＿＿＿＿＿＿＿＿。（填空题）

7. 您认为 A 物流公司给您的价格反馈及时吗？（单选题）

○ 很及时，超过预期

○ 一般，和期望一致

○ 不及时，但还可以接受

○ 很不及时

8. 您的货物出运时间是否稳定，是否达到按时出运？（单选题）

○ 稳定

○ 不太稳定，基本按时出运

○ 不稳定，少量按时出运

○ 很不稳定，不按时出运

9. 你觉得 A 物流公司提单签发是否及时？（单选题）

○ 很及时，超过预期

○ 一般，和期望一致

○ 不及时，但还可以接受

○ 很不及时

10. A 物流公司对您的质询、投诉处理是否及时？（单选题）

○ 很及时，超过预期

○ 一般，和期望一致

○ 不及时，但还可以接受

○ 很不及时

11. 遇到索赔时，A 物流公司对索赔的处理是否及时？（单选题）

○ 很及时，超过预期

○ 一般，和期望一致

○ 不及时，但还可以接受

○ 很不及时

○ 没有遇到索赔

12. 您对 A 物流公司服务人员最不满意的是：（单选题）

○ 跑单

○ 客服

○ 前台

○ 操作

- ○ 单证
- ○ 退单
- ○ 结算
- ○ 理赔
- ○ 其他

13. 您对于 A 物流公司电子商务的发展是否满意？（单选题）
    - ○ 非常满意
    - ○ 比较满意
    - ○ 一般
    - ○ 不太满意
    - ○ 很不满意

14. 您对物流公司运价管理如何？（单选题）
    - ○ 非常满意
    - ○ 比较满意
    - ○ 一般
    - ○ 不太满意
    - ○ 很不满意

15. 您对公司网站系统感觉如何？（单选题）
    - ○ 非常满意
    - ○ 比较满意
    - ○ 一般
    - ○ 不太满意
    - ○ 很不满意

16. 您对 A 物流企业各方面有何要求与建议？（简答题）

【项目小结】

本项目主要介绍了物流服务要素，物流客户识别的概念、意义、原则、方法和步骤；在此基础上分析了客户开发的流程、客户信息获取的方法，并介绍了客户信息分析的概念；还介绍了物流客户服务管理的概念、流程，以及物流客户满意度管理概念、测评步骤。

【思考与练习】

一、选择题

1. 在客户关系管理中，客户的满意度是由（   ）决定的。
   - A. 客户的抱怨和忠诚
   - B. 客户的期望和感知
   - C. 产品的性能和价格
   - D. 产品的质量和价格

2. 企业实施客户关系管理的最终目的是（　　）。

　　A. 掌握消费者需求

　　B. 做好客户服务工作

　　C. 针对客户的个性化特征提供个性化服务，最大化客户的价值

　　D. 企业利益最大化

3. 在客户关系管理中，（　　）不是客户忠诚的表现。

　　A. 对企业的品牌产生情感和依赖

　　B. 重复购买

　　C. 对产品不满意时投诉时，向企业投诉

　　D. 向别人推荐该品牌产品

4. 为支持企业的核心产品而提供的服务称为（　　）。

　　A. 物流服务　　B. 客户服务　　C. 质量服务　　D. 产品服务

5. 顾客在购买商品的时候，购买的是（　　）。

　　A. 商品本身　　B. 信息　　C. 服务产品组合　　D. 有形产品

6. 物流企业的（　　）是用来支持物流服务商品销售的。

　　A. 标准化管理　　B. 客户服务　　C. 成本管理　　D. 技术设备

7. 物流质量管理是企业全面质量管理的重要一环，其核心是（　　）。

　　A. 物流效率管理　　　　　　B. 物流服务质量管理

　　C. 物流工作质量管理　　　　D. 产品质量管理

8. 作为企业客户服务一部分的物流服务，最终要通过（　　）体现出来。

　　A. 顾客的满意度　　　　　　B. 企业的收益

　　C. 运作绩效　　　　　　　　D. 企业信誉度

9. 企业物流服务的水平取决于（　　）。

　　A. 企业的规模　　　　　　　B. 企业的物流系统

　　C. 企业员工的态度　　　　　D. 企业的运作模式

10. 要提高物流服务水平，首先必须提高物流系统中（　　）。

　　A. 每一项工作的质量　　　　B. 员工的素质

　　C. 各项活动的协调性　　　　D. 各项活动的运作效率

二、简答题

1. 物流服务具有哪些特性？

2. 物流企业服务包括哪些基本内容？

3. 物流服务对企业的竞争力会产生哪些影响？

4. 物流质量涵盖哪些内容？

三、案例分析

A 物流公司的长期合作客户 B 公司的生产计划由于市场需求的变化而经常变化，为了保

证公司生产不受影响,B公司要求几个主要供应商在其工厂保持着大量的库存。A公司通过拜访发现,B公司需要供应商在其工厂保持着大量的库存,是因为没有解决公司在销售预测、物流系统库存管理、生产和物料需求计划等环节的问题。通过A公司的大数据分析,A公司完全可以通过物流服务解决在公司保持大量库存的问题,并且为B公司和B公司的供应商定制了物流服务产品。经过一系列对B公司内部管理机制的改革以及与供应商的共同管理,他们最终取消了以前保持大量库存的要求;同时,经过谈判,原材料的价格也降低了。B公司的供应商对A公司的服务水平感到非常满意,将A公司列为长期合作伙伴。

思考:如何依靠现代技术提高物流企业管理水平?

【实训设计】

深入拜访一家物流公司,了解他们是通过什么方式为大客户提供特色服务的,在服务过程中应用了哪些新技术,为客户解决了哪些困难。

参考文献

[1] 覃常员.市场调查与预测[M].大连:大连理工大学出版社,2004.
[2] 贾瑞峰.物流企业管理[M].上海:上海交通大学出版社,2008.
[3] 叶敏.市场营销原理与实务[M].北京:北京邮电大学出版社,2011.
[4] 孙艳艳.物流信息系统[M].北京:北京理工大学出版社,2012.
[5] 王淑娟.物流客户关系管理与服务[M].北京:清华大学出版社,2011.
[6] 陈小刚.客户关系管理[M].北京:北京邮电大学出版社,2016.
[7] 胡丽霞.物流市场调查与分析[M].北京:中国水利水电出版社,2011.
[8] 李雪松.现代物流营销管理[M].北京:中国水利水电出版社,2008.
[9] 熊梅,李严锋.物流营销[M].重庆:重庆大学出版社,2008.
[10] 黄彪虎.市场营销原理与操作[M].北京:北京交通大学出版社,2013.
[11] 李强.市场营销学教程[M].大连:东北财经大学出版社,2000.
[12] 李会太.现代物流管理的八大核心思想[J].企业管理,2007(3):90-91.
[13] 曹丽娟,杨路明.物流管理与市场营销的相互作用分析[J].中外物流,2006(2):36-38.
[14] 辛敏琦,许俊杰.中外知名企业的物流管理实践[J].陕西综合经济,2007(5):18.
[15] 吕雪峰,田金信.物流管理优化策略[J].企业管理,2007(11):85-88.
[16] 侯旻,孙军.物流营销实务[M].北京:清华大学出版社,北京交通大学出版社,2011.
[17] 胡延华.物流营销[M].北京:高等教育出版社,2014.
[18] 万强,苏朝霞,陈彧.物流市场营销[M].重庆:重庆大学出版社,2015.
[19] 袁炎清,范爱理.物流市场营销[M].北京:机械工业出版社,2017.